Corwin Richter

Von der Macht zum Genuss

Das Zusammenfallen von Struktur und Ideologie

Bibliografische Information der Deutschen Nationalbibliothek: Die Deutsche Nationalbibliothek verzeichnet diese Publikation in der Deutschen Nationalbibliografie; detaillierte bibliografische Daten sind im Internet über dnb.dnb.de abrufbar.

© 2021 Corwin Richter
Herstellung und Verlag: BoD – Books on Demand, Norderstedt

ISBN: 9783753462974

Inhaltsverzeichnis

Literaturverzeichnis

Nutzen und Nutzung eines Beispiels

Macht ist ein Versprechen. Es koinzidiert mit einer entsprechenden Menge an Verantwortung. Es gibt einen Unterschied zwischen dem gewöhnlichen Sprechakt und dem Versprechen: Das Versprechen ist eine Verfehlung des Sprechens, ein fehlgeschlagener Akt. Macht ist dementsprechend mit einer Enttäuschung der Verantwortung, mit der Korruption, dem Betrug, dem Hintergehen des Versprechens durch das Versprechen verbunden. Macht kommt somit nicht um den Fehlschlag herum.

Diese Ansicht ist in linken Kreisen weit verbreitet, ob sie nun bewusst als Ablehnung der Macht formuliert oder nicht bewusst in der politischen Handlung realisiert wird. Allerdings wird hier meist nur eine Seite des Ganzen betrachtet. Macht kommt um das Fehlschlagen nicht herum, das ist korrekt. Jedoch sollte diese Erkenntnis einen nicht lähmen oder von der Macht fernhalten, sondern dazu antreiben die Chance zu nutzen.

Die kritische Theorie gebert sich gerne in der Machtanalyse, welcher zufolge jede Faser des Seins bereits von der Macht durchdrungen wurde und wir ihr niemals entfliehen können. Die Machtanalyse zeigt uns wie verloren wir sind, wie schlecht die Lage ist und wie Unfähig wir dieser gegenüber sind. Zu mehr ist sie momentan nicht in der Lage. Der Grund dafür ist, dass davon ausgegangen wird, dass die Analyse der Machtstrukturen uns in die Tiefe, in das Unbewusste, kurz: in die Strukturen bringen und diese durchschauen kann.

Macht ist jedoch etwas oberflächliches. Sie ist überall zu finden und meist leicht zu erkennen. Sie ist sogar so offensichtlich, dass wir meistens ganz genau wissen was los ist, aber dennoch wider besserem Wissen handeln. Hier verführt uns die Ideologie. Verführung ist immer eine Verschleierung. Was verschleiert besser als ein transparentes Glas hinter welchem ein verschwommenes Objekt steht. Macht selbst ist erst einmal weder gut noch böse. Sie auch nicht neutral. Ihr Auftreten verändert den Raum bereits bevor etwas passiert. Es gibt etwas das hinter der Macht steht und sie in Gang setzt. Dieses etwas wird meistens übersehen, da man meint mit der Machtstruktur den Übeltäter gefunden zu haben. Dasjenige was es zu Untersuchen gilt ist der Genuss, welcher in und durch verschiedene Machtstrukturen wirkt und durch die Ideologie evoziert wird.

Bevor wir jedoch damit anfangen können muss etwas geklärt werden. Es geht um *den Nutzen* und *die Nutzung* von Beispielen. Man lernt Beispiele als literarisches Werkzeug in der Schule kennen. Man wird mit einem Gedicht Else Lasker-Schülers oder Georg Trakls als Beispiel für die Gedichte des Expressionismus konfrontiert. Mit diesen Beispielen kommt immer auch die Aufgabe der Interpretation. Ohne Interpretation bedeutet ein Beispiel nichts. Man lernt, dass es eine vorgeschriebene Interpretation gibt zu der man gelangen soll. Dabei handelt es sich um eine naive Art der Interpretation. Was diese naive Interpretation nicht kann ist mit Widersprüchen umgehen. Da sie die eigene Wahrheit ohne Grundlage postuliert, ist jede andere Interpretation im selben Maße legitim. Im schulischen Kontext kann die Lehrkraft ihre Interpretation über die Institution der Schule gegenüber der Schülerschaft legitimieren, aber dies konstituiert noch lange keine legitime Interpretation. Man kennt es. Die eigene Interpretation widerspricht der in der Lösung vorgegebenen und aufgrund der Abweichung wird die eigene Interpretation als illegitim erklärt. Gibt es Widerstand, dann flüchtet man in einen historizistischen Relativismus; man versucht über die Biographie und historische Daten die eine wahre Interpretation zu bergen. Man kann sie jedoch nur erahnen, da die ursprüngliche Quelle der Bedeutung, die Person von welcher der Text stammt, nicht länger verfügbar ist. Die wahre Bedeutung wird zu einem bereits verlorenen Ding an welches wir niemals kommen können, da wir endliche und fehlbare

Wesen sind. Dieser zweite Schritt liegt in seinem falsch liegen richtig. Wir können nicht zu der wahren Interpretation kommen. Sie ist ein verlorenes Objekt. Aber wie es sich für das verlorene Objekt gehört hat es das von Anfang an nie gegeben.

Das Wort bedeutet immer mehr als die Person zum Zeitpunkt des Denkens meinte. Ein perfektes Beispiel ist ein Fußballspiel. Wenn man nach einem Spiel ein_e Spieler_In fragt, aus welchem Grund sie jenen Spielzug ausgeführt hat wie er letzten Endes ausgeführt wurde, so wird man keine zufriedenstellende Antwort bekommen. Die Zuschauerschaft hat jedoch während dem Spiel bereits bestimmt weshalb die Person so handelte:»Die kennen das Gegnerteam und wissen ganz genau, dass da eine Lücke ist! Die Lücke wurde erkannt und ausgenutzt!« Die Wahrheit ist bereits dezentriert. Sie *liegt* von Anfang an falsch. Somit liegt die Wahrheit einer Interpretation in der Rezeptionsgeschichte des Werkes. Die Position des Subjekts als Mangel muss in die Interpretation inkorporiert werden. Ein Beispiel ist immer Teil der Theorie; es verschiebt, korrigiert, die Theorie. Das Beispiel lässt sich jedoch nicht auf die Theorie reduzieren. *Ein Beispiel ist eine universelle Singularität. Eine singulare Entität, welche als das Universelle in der Multitude der Interpretationen persistiert.* Die Interpretationen sind selbst Fortführungen der Theorie und nicht ihre Grenze. Aus diesem Grund kann ein Beispiel immer für mehrere Kontexte verwendet werden. Es ist zugleich bestimmt und universell. Wir lernen Beispiele auf eine idealistische Art und Weise im Unterricht kennen. Hier steht das Beispiel für eine Sache und erschöpft sich in dieser Darstellung.

Eine materialistische Herangehensweise an ein Beispiel zeigt, dass ein Beispiel immer mehr ist, als es in seinem konkreten Kontext darstellen darf. Um meinerseits ein Beispiel zu geben möchte ich auf ein Beispiel Kate Mannes eingehen. In ihrem Buch *Down Girl: The Logic of Misogyny* erklärt Manne den Unterschied zwischen Sexismus (die Rechtfertigung/Rationalisierung der Misogynie) und Misogynie (die Exekutive der Geschlechterordnung (das Patriarchat)). Nachdem sie diese Unterscheidung etabliert hat will sie diese *durch ein Beispiel klar machen*. Das ganze lässt sich wie ein Restaurantbesuch verstehen. Dort gibt es die unzufriedenen Gäste die mit ihrem Geschirr auf den Tisch schlagen und brüllen, werden sie nicht gut bedient. Ein solcher unzufriedener Gast wäre Elliot Rodger, welcher sich von allen Frauen betrogen fühlte, weil ein paar Frauen nicht mit ihm zusammen sein wollten. Um seiner Unzufriedenheit Ausdruck zu verleihen ermordete er drei Personen und verletzte vierzehn weitere, bevor er sich selbst erschoss. Sein Ziel war

5

das Tri Delta Schwesternschaftshaus der UCSB. Die Frauen brachen mit der Norm das Frauen den Männern untergeordnet zu sein haben und sie bedienen müssen. Deshalb mussten sie sterben. Er ist ein Symptom der Misogynie. Zu diesen gehören Sexisten wie Rush Limbaugh, die solche Handlungen und die dahinterstehende Ideologie relativieren und normalisieren.[1]

Natürlich gibt es noch andere Arten der Misogynie wie die eines Donald Trumps aber für unsere Zwecke reicht dieser Ausschnitt, denn er ist symptomatisch für sowohl eine Tendenz des gesamten Buches wie auch einiger linker Bewegungen. Alle sozialen Relationen sind für Manne von Misogynie durchdrungen. Das erkennt man daran, dass dieses Beispiel die Realität darstellen soll, jedoch *das Phantasma der Misogynie und die Realität ineinander fallen lässt*. Das es eine Geschlechterordnung gibt, bei deren Verletzung man Konsequenzen zu spüren bekommt, sollte kein Punkt sein über den diskutiert werden muss. Die vielen jährlich ermordeten queeren Personen reichen alleine aus um diesen Punkt überdeutlich zu etablieren. Aber wenn man das Phantasma der Misogynie mit der Realität ineinander fallen lässt, sorgt das dafür, dass man die Behauptung aufstellt, es würde keinen Ausweg geben und wir wären alle dazu

---

[1] Vgl. Kate Manne, Down Girl. The Logic of Misogyny, Penguin Books 2019, S. 87f.

determiniert dieses System durch jede soziale Relation zu reproduzieren. Manne kann uns nicht sagen wie wir dagegen ankämpfen können. Wir können nur verstehen wie schlecht es uns geht und dann mit diesem Wissen weiterleben.

Dem ist jedoch nicht so. Es gibt kein geschlossenes System. Wenn ein System geschlossen wäre, dann wäre es statisch. Es würde bei der kleinsten Veränderung zusammenbrechen. Die Realität eines jeden Systems ist, dass es Lücken hat und haben muss um dynamisch zu bleiben. Aus diesem Grund braucht ein jedes System ein Phantasma das Ganzheit und Geschlossenheit simuliert. Es muss den traumatischen Kern des Realen verdecken. Wenn ein Gast in einem Restaurant anfängt herumzubrüllen, dann kann man davon ausgehen, das dies im Normalfall Konsequenzen für den Gast hat. Hier scheitert das Beispiel an der Realität. Denn in der Realität werden nicht diejenigen, die die Geschlechterordnung am Leben halten und reproduzieren bestraft, sondern jene, die versuchen ihr zu entkommen. Das Beispiel welches Manne im rein idealistischen Sinne verwenden wollte um ihren Punkt klar zu machen unterminiert ihren Punkt indem es auf Lücken in der patriarchalen Ideologie hinweist.

Der Fall Occupy

2011 überschwemmte eine Bewegung die politische Landschaft, rund 950 Städte wurden mitgerissen. Gemeint ist die Occupy Bewegung. Eine Bewegung ausgerichtet auf vielerlei lokale ökonomische und politische Probleme. Ihre Anziehungskraft erhielt sie durch die ihr zugrunde liegende Horizontalität. Innerhalb der verschiedensten Teilgruppierungen die diese Bewegung ergaben gab es weder Personen die als Kopf zum Zwecke der Repräsentation und sprechenden Entscheidung dienten, noch gab es klare, allgemein geteilte Ziele. Direkte Demokratie und Konsens wurden zu grundlegenden Motiven der Struktur dieser Bewegung. Dies sorgte jedoch dafür, dass selbst die trivialsten Themen ausdiskutiert werden mussten, was über die Zeit eine hohe Belastung mit sich brachte. Des Weiteren warb man mit einem Erlebnis der Demokratie als körperliche Erfahrung. Es schien äußerst inklusiv zu sein - sonst stumme Stimmen durften sprechen -, so werden aus Gruppendiskussionen dennoch jene ausgeschlossen, welche für diese keine Zeit haben, aufgrund ihres Charakters nicht dazu in der Lage sind in großen Gruppen zu diskutieren oder die aufgrund von Rasse oder Geschlecht diskriminiert werden. Zu guter letzt wurde sogar die Abwesenheit konkreter Forderungen für etwas radikales und positives gehalten, weil man sich darüber der Entfremdung der Institutionen zu entziehen zu können meinte.[2]

Eine letzte Verteidigung bestand darin darauf zu bestehen, dass Occupy, selbst wenn es gescheitert ist, dennoch Menschen radikalisiert hat. Occupy als Präfiguration soll erfolgreich gewesen sein. Von diesem Erfolg sieht man heute nichts mehr. Ein verschwundener präfigurativer Raum kann nunmal schlecht präfigurieren. Präfiguration verharrt immer auf einer gewissen Ebene im pazifistischen, da es soziale Lösungen für politische Probleme sucht.

Die Präfiguration schlägt dadurch fehl, dass sie das Soziale nicht in Frage stellt, sondern es als den Wende- und Angelpunkt auserkoren hat. Selbst Versuche das Soziale gegen den Staat zu setzen (siehe John Holloway oder Raùl Zibechi) scheitern, weil das Soziale selbst unter den Krieg der Pazifizierung fällt. Die Verdichtung sozialer Relationen der in-group im Sinne des Sozialen als hegemoniale Opposition bringt den Konservatismus mit sich, der keine externalen Relationen erlauben kann. Der Fall Occupy ist jedoch kein Einzelfall. Tatsächlich herrscht eine allgemeine Ablehnung der Macht innerhalb der Linken.

---

[2] Deseriis und Dean, »A Movement Without Demands?«

Die Utopien der Anarchist_Innen des 19. Jahrhunderts wurden durch die aufkommenden Sozialwissenschaften unterminiert, da diese Wege fand, durch die das Soziale besser durchleuchtet, kontrolliert und pazifiziert werden kann.[3] Das Soziale entstand zusammen mit der Bio-Macht und dem Spektakel. Ersteres sorgt dafür das alles gefunden und an seinen bestimmten Platz gebracht wird und letzteres dafür, dass alles Gute erscheint und alles was erscheint gut ist. Wie Baudrillard längst bemerkte ist das Soziale lediglich eine dezentrale Kategorie, welche dazu da ist das Staatsversagen auf die Bürgerschaft abzuwälzen.

Das Ende des Sozialen

In Baudrillards *Im Schatten der schweigenden Mehrheiten oder Das Ende des Sozialen* werden Fragen die sich auf Theorien des Sozialen beziehen fundamental infrage gestellt. Der Grund für diese Infragestellung ist Baudrillards Postulat, dass diese Konzepte in der Gesellschaft der Simulationen implodiert sind. Speziell ist dieser Beitrag eine Intervention in den Diskurs um die Massen.

---

[3] Für eine Auseinandersetzung mit der Geschichte der Gewalt- und Gewaltlosigkeit in der Politik siehe: Domenico Losurdo, Gewaltlosigkeit: Eine Gegengeschichte, Argument Verlag.

> Das ganze Sammelsurium des Sozialen dreht sich um ein schwammiges Bezugsobjekt, um eine undurchsichtige und zugleich durchscheinende Realität, um jenes Nichts: die Massen.[4]

Dieses »schwarze Loch« verschlingt das Soziale, absorbiert jedwede Bedeutung und alle Informationen die mit diesem zu tun haben. In ihrem Verlangen nach dem Spektakel, dem Spiel der Zeichen, tauschen sie Sinn gegen Schauspiel ein. Dabei handelt es sich jedoch nicht - wie gerne angenommen - um eine Verdummung der Massen, sondern um den eigenen Anspruch der Massen. Mechanismen der Sinnproduktion - wie die Geschichte eines ist - werden auf Zufallsprodukte reduziert, die die Oberfläche der Masse nicht durchdringen können ehe sie neutralisiert werden. Diese These unterfüttert Baudrillard mit einem entsprechenden Beispiel:

> Am Abend der Auslieferung von Klaus Croissant [einem deutschen Anwalt] überträgt das Fernsehen ein Fußballspiel: Frankreich spielt um seine Qualifikation für die Weltmeisterschaft. Ein paar hundert Personen demonstrieren vor dem Gefängnis

---

[4] Jean Baudrillard, Im Schatten der schweigenden Mehrheit, übers. v. G. Osterwald, Matthes & Seitz Berlin, S. 7

La Santè, ein paar Anwälte rennen durch die Nacht, und zwanzig Millionen verbringen ihren Abend vor dem Bildschirm. Eine Jubelexplosion im ganzen Volk, als Frankreich gewinnt.[5]

Diese Indifferenz präsentiert Baudrillard als explizite Gegenstrategie. Es gibt keine Macht die dahinter steht und die Verdummung der Massen befehligt. Das bedeutet nicht, dass es keine Macht gibt und auch nicht, dass es niemanden gibt, der glaubt diese Macht zu besitzen. Es ist vielmehr so, dass diejenigen, die glauben, dass sie die Macht hätten, diese nicht besitzen und die Massen, welche die Macht haben, sich dazu aktiv entscheiden sie nicht zu nutzen.

Die Macht manipuliert nichts, und die Massen sind weder verdummt noch getäuscht. Der Macht ist es nur recht, wenn sie den schwarzen Peter auf den Fußball abschieben oder gar selbst die diabolische Verantwortung der Massenverdummung auf sich nehmen kann. Das schmeichelt ihr in ihrer Illusion, tatsächlich die Macht innezuhaben, und lenkt von der weit gefährlicheren Tatsache ab, dass die

---

[5] Jean Baudrillard, Im Schatten der schweigenden Mehrheit, übers. v. G. Osterwald, Matthes & Seitz Berlin, S. 18

Gleichgültigkeit der Massen deren ureigene und einzige Praxis ist...[6]

Mit dieser aktiv gewählten Indifferenz endet die Ära des Sozialen. Die Massen haben nun weder eine historische Qualität, noch irgendwelche Ideale die für das Politische von Bedeutung wären. Die Mehrheit ist still geworden. Daraus sollte man nicht schließen, dass die Massen nun verschwänden. Sie lassen sich nur nicht länger repräsentieren. Prozesse wie Umfragen oder Wahlen bringen das Individuum nicht mit der Masse sondern mit simulierten Modellen in Kontakt. Diese quantitative Abstraktion des Sozialen ist nichts weiter als eine tote Simulation.

Dennoch versucht das System Teilnahme und damit das Soziale zu produzieren. Der Grund dafür ist, dass die radikale Indifferenz der Massen das Simulationsmodell durch eine vollkommene Abwesenheit der Partizipation zum zusammensturz bringen würde. Das was die stille Mehrheit erzeugt sind die Medien. Das Soziale, als zwischen dem privaten und dem öffentlichen vermittelnde Sphäre, wird durch die Medien digitalisiert und somit ihrem libidinösen Face-to-Face Antrieb beraubt. Dem Anschein nach

---

[6] Jean Baudrillard, Im Schatten der schweigenden Mehrheit, übers. v. G. Osterwald, Matthes & Seitz Berlin, S. 20

produzieren die Massenmedien zwar mehr Soziales, jedoch neutralisieren sie das Soziale sobald es die (Bildschirm-)Oberfläche überwinden will.[7] Das Soziale ist in die Massen implodiert und diese versuchen über die Massenmedien das Soziale wiederzubeleben, jedoch dient dies selbst nur der Verschleierung von Herausforderung, Tod, Verführung, Ritual und Wiederholung - kurz: dem symbolischen Tausch - weshalb dieser Versuch zum scheitern verurteilt ist.

Auch wenn es sich um eine kurze Rekonstruktion handelt, lassen sich von dieser dennoch sicherlich ein paar interessante Aussagen ableiten. Ein Beispiel dafür wäre die Lokalisierung der Macht bei den Massen anstelle der Position der Herrschenden. Es gilt heute als Gemeinplatz, dass Sportereignisse dafür genutzt werden um kontroverse Gesetze ohne großes Veto der Bevölkerung durchzuwinken. Darauf folgt von Seiten der Bevölkerung eine Verteufelung der hinterlistigen Politik. Spielt man damit nicht in die von Baudrillard beschriebene Falle? Ist es nicht die Masse die sich dazu entscheidet wegzublicken? Und ist es nicht so, dass man hier bei den Herrschenden von einer bestimmten Art des Wahnsinns sprechen müsste? Schließlich meinen sie nicht nur

---

[7] Vgl. Jean Baudrillard, Im Schatten der schweigenden Mehrheit, übers. v. G. Osterwald, Matthes & Seitz Berlin, S. 74

die Macht zu haben, sondern, dass sie diese Macht hätten, weil sie die Herrschenden sind. Die *Identifikation* mit dem »Ichideal« negiert den Zugang zur symbolischen Ordnung, da die Identifikation mit dem großen Anderen dessen Rolle als Vermittler aufhebt.

Hans Christian Andersens Märchen *Des Kaisers neue Kleider* bietet hier eine Möglichkeit dem ganzen zu entkommen. Die Lehre dieses Märchens lautet: Der Schein von Macht - so stark er auch blenden mag - darf niemals in seiner Zerbrechlichkeit unterschätzt werden. Es ist ein Gemeinplatz, dass eine herrschende Minderheit gegen die Mehrheit der Bevölkerung nicht ankommen könnte. Sich darauf verlassend, dass die Mehrheit weiterhin still bleibt, kann sie die klassisch neoliberale *Verantwortungsumkehr* verkünden, welche Probleme wie den Klimawandel auf ein rein individuelles Problem des falschen Konsums reduziert. Damit ist die Politik fein raus und das Individuum darf auf dem medialen Marktplatz als Opferlamm herhalten. Wenn nun aber die Mehrheit nicht länger still wäre - der Anrufung nachgehen würde und selbst ihre Macht ausübt -, dann würde der fragile Schein der Macht zusammenbrechen.

Dies ist eines der größten Problem von Bewegungen wie »Fridays for Future«. Wenn der konservative Zynismus ihnen vorwerfen will, dass ihr Unterfangen illegitim sei, da nicht alle ihren gesamten Konsum radikal verändert haben (was häufig auch an den materiellen Umständen der Personen liegt), so ist die einzige Antwort ein aktiver Eingriff in Form von Generalstreiks, der Übernahme der Mittel der Produktion durch die Arbeiterschaft usw. Die Macht befindet sich nur so lange bei der Politik, wie die Masse so tut als ob sie dort wäre. Aber ganz so einfach ist es dann leider doch nicht. Und auch das erkennt Baudrillard an. Denn der Nullpunkt der Masse, welcher zu einer möglichen Realisierung dieser führen könnte, kann nicht erreicht werden. Die Politik ist bemüht künstlich Partizipation zu erzeugen. Im Kontext der Massenmedien lässt sich hier eine Virtualisierung der Partizipation betrachten. Nimmt man den Nachrichtendienst Twitter als Beispiel, dann kann man regelmäßig beobachten, wie Massen an Menschen sich (häufig gerechtfertigter Weise) über Ereignisse in der Welt und in der Politik empören. Dabei wird schnell ein trendiger Hashtag formuliert dessen simplistische, memetische Struktur seine Weiterverbreitung binnen kürzester Zeit befördert. Stelle man sich vor, dass dieselbe Masse an Menschen sich an einer realen Aktion als Reaktion betätigen würde, müsste dem Empfänger der Empörung der Angstschweiß den Nacken hinunterlaufen. So laufen jedoch nur Nachrichten über eine Bildschirmoberfläche, die die Politik nicht einfach nur in ein Spektakel verwandelt, sondern allen Reagierenden die

Partizipation im Spektakel erlaubt, was die Realität des Objekts virtualisiert. Somit ist der Grad der generellen Politisierung zwar steigend, jedoch verbleibt die politisierte Masse bildschirmoberflächlich. Bedenkt man wofür Politiker_Innen in der Vergangenheit zurücktreten mussten und welche fatalen Fehler heute nach einem kurzen Medienwirbel weiterhin geduldet werden, so hat die Masse selbst dieses bedrohliche Potenzial verloren.

Nicht das man hier am Ende wäre. Konservative und andere Rechtsradikale nutzen dieses Spektakel wunderbar, um sich in ihrer vermeintlichen Opferrolle zu suhlen, ohne reale Konsequenzen erwarten zu müssen.

Hinzu kommt noch die Aussicht auf Solidarität und Unterstützung von der neoliberalen Mitte die ideologisch bereits ihr direkter Sitznachbar ist. Wie wir heute jedoch in einer Zeit leben, in der es große Bewegungen wie »Black Lives Matter« oder »Fridays for Future« gibt und wo wir 2020 in Indien den größten Streik aller Zeiten mit 250 Millionen Teilnehmenden erleben durften, so durfte Baudrillard sowohl das Ende des Kalten Krieges, wie auch den Fall der Berliner Mauer miterleben.

Aus diesem Grund aktualisierte er sein Ende des Sozialen als Ende der Geschichte in dem 1992 erschienen Text *Die Illusion des Endes oder Der Streik der Ereignisse*. Hier verweist Baudrillard auf ein dem Ende der Geschichte inhärentes Paradoxon: Wenn man von einem Ende spricht, dann muss man auch über das sprechen, was sich hinter den Grenzen dieses Endes befindet, während man zugleich über die Unmöglichkeit des Endes spricht. Dieses Paradoxon ist die Folge der Unmöglichkeit die Geschichte in einem nicht-linearen, nicht-euklidischen Raum zu verorten. Die Zeit in der wir leben - die Zeit nach dem Fall der Atombomben in Hiroshima und Nagasaki - ist eine Zeit in der die Systeme doppelt chaotisch sind: Sie funktionieren sowohl durch exponentielle Stabilität wie auch Instabilität.[8] Die atomare Abschreckung in Form einer Balance des Terrors hat ihr Ziel erreicht und von nun an Leben wir nur noch unter dem Zeichen der Katastrophe - das Ende ist sein eigener Anfang.

> We had come close to this possibility with the atomic age. Alas, the balance of terror suspended the ultimate event, then postponed it for ever(?) and, now deterrence has succeeded, we have to get used to the idea that there is no end any longer, there will no longer be any end, that history itself has become interminable. Thus, when we speak of the 'end of history', the 'end of the political', the 'end of the

[8] Vgl. Jean Baudrillard, The Illusion of the End, Übers. Chris Turner, Cambridge 1994, Polity Press, S. 110-112

social', the 'end of ideologies', none of this is true. The worst of it all is precisely that there will be no end to anything, and all these things will continue to unfold slowly, tediously, recurrently, in that hysteresis of everything which, like nails and hair, continues to grow after death. Because, at bottom, all these things are already dead and, rather than have a happy or tragic resolution, a destiny, we shall have a thwarted end, a homeopathic end, an end distilled into all the various metastases of the refusal of death.[9]

Es ist nicht so als wären Ereignisse unmöglich geworden. Das einzige was unmöglich geworden ist, ist ein *absolutes Ende*.

Auf diese Aktualisierung seiner ursprünglichen These reagiert Christian Kupke in seinem 2021 erschienen Buch *Versionen des Denkens. Version 1: Enttäuschendes Denken* mit dem Vorwurf Baudrillard würde sich in Paradoxa verstricken. Sein Denken scheitere daran, dass das Ende entweder ein neuer Anfang oder dass das Ende der Geschichte eine endlose Geschichte sei.[10] Was Kupke hierbei übersieht ist jedoch, dass Baudrillard im kritisierten Text dieses Paradoxon bereits vorweggenommen hatte. Kupke geht von

---

[9]ebd S. 116
[10] Vgl. Christian Kupke, Versionen des Denkens. Version 1: Enttäuschendes Denken, Berlin 2021, Parodos Verlag, S. 67

der Inkorrektheit Baudrillards aus, da dieser das Paradoxon des Endes übergangen haben soll. Dieses Paradoxon ist jedoch nicht von Baudrillard übergangen worden. Vielmehr ist es der Ausgangspunkt seines Postulats des Endes geworden, da er durch die Reversibilität der Verhältnisse von Ursache und Wirkung und den ursachenlosen Wirkungen - den Ereignissen - den Widerspruch des Endes auflöst.[11]

Die Historisierung der Geschichte verweist auf die ihr zugrunde liegende Inkonsistenz. Diese zu benennen ist nicht der Fehler. Der Fehler ist das beharren auf das Phantasma der Konsistenz. Kupke geht jedoch einen Schritt weiter, indem er das Ende der Geschichte (und damit auch Baudrillard) darin widerlegt sieht, dass es ein sich wiederholendes Phänomen ist.[12] Aber auch diesen Punkt hat Baudrillard bereits antizipiert. Dass das Ende der Geschichte ein sich wiederholendes Phänomen ist, ist Teil dessen was Baudrillard »das Schlimmste an dem Ganzen« nennt. Es wird kein Ende dieses Phänomens geben, auch wenn es bereits tot ist. Damit

---

[11] Ein Beispiel für die Reversibilität der Ordnung der Kausalkette konstruiert Baudrillard anhand eines beliebten Beispiels der Chaostheorie. So wie der Flügelschlag eines Schmetterlings einen Hurrikane hervorrufen kann, so müsste man umgekehrt auch die hyposensitive Position einnehmen können, dass ein möglicher Hurrikan mit dem Flügelschlag eines Schmetterlings endet.
Vgl. Jean Baudrillard, The Illusion of the End, Übers. Chris Turner, Cambridge 1994, Polity Press, S. 110-114
[12] Vgl. Christian Kupke, Versionen des Denkens. Version 1: Enttäuschendes Denken, Berlin 2021, Parodos Verlag, S. 68

widerlegt man jedoch das Ende des Endes nicht, sondern spielt ihm sogar in die Karten. Auch wenn Baudrillard es nicht gerne hören würde, so sieht man hier eine gewisse dialektische Bewegung. Das Ende des Endes deckt das Reale, den traumatischen Kern, des Endes der Geschichte auf, welcher in einer Aufhebung aus dem Spannungsfeld von Geschichte und Posthistorie besteht. Als Francis Fukuyama das Ende der Geschichte in Form der liberalen Demokratie und dem Kapitalismus sah muss man ihm Zustimmen, aber nur bis zu dem Punkt wo er nicht genug hegelianer war. Und diesen Punkt hat Baudrillard betont. Jedes Ende der Geschichte ist dazu verdammt zu scheitern. Denn - wie Hegel mit seiner Eule der Minerva die ihren Flug erst mit der einbrechenden Dämmerung beginnt hervorheben will - die Philosophie kommt immer zu spät. Der Punkt an dem man ein Feld abgeschlossen beschreiben kann, ist der Punkt, an dem dieses Feld bereits angefangen hat sich aufzulösen. Somit war der anti-hegelianer Baudrillard hier dem hegelianer Fukuyama voraus.

Was sich aus dieser Entwicklung einer Theorie des Endes ableiten lässt sind meiner Ansicht nach sechs zentrale Erkenntnisse: (1) Das Ende der Geschichte ist ein sich wiederholendes Phänomen und diese Wiederholung gehört zur Natur des Endes der Geschichte. (2) Wir haben es immer mit einer Gleichzeitigkeit des Endes und des Ablaufes der Geschichte zu tun. Dabei ist die Geschichte die Kontextualisierung der Ereignisse und deren Narrativierung. (3) Durch verschiedene Strategien lässt sich jedes Ereignis-Narrativ nihilieren, was auf Grund der paradoxalen Natur des Realen des Endes der Geschichte Teil der Geschichte selbst ist. (4) Daraus folgt, dass jeder Universalismus der eine Geschichte erzählen will um Orientierung zu schaffen zugleich seine eigene Partikularität anerkennen muss (das was wir Geschichte nennen ist ein Produkt der europäischen Moderne usw.), um nicht durch das Partikulare annihiliert zu werden. (5) Des Weiteren sollten aufgrund der Historizität der Geschichte selbst die verschiedenen Liberalen (harmonische Natur), Konservativen (Rückkehr zu alten Werten, Traditionen) und Rechtsradikalen (Privilegierung einzelner Rassen aufgrund historisch-kontingenter Gegebenheiten wie z.B. im Falle von Blut und Boden Ideologien) Beschwörungen der Vergangenheit als rein rhetorisches Mittel der Persuasion mit weder festem Boden in einer realen Geschichte noch notwendigem Eigenwert betrachtet werden. (6) Die Posthistoire als fester Bestandteil der Geschichte erfüllt ihren Zweck indem sie auf der einen Seite zwar das Reale der Menschheit durch ihre Banalisierung der Ereignisse zurückhält, auf der anderen Seite jedoch dort zum weichen gebracht werden muss, wo die apokalyptischen Ereignisse den direkten menschlichen Einfluss übersteigen (wie zum Beispiel im Falle der kommenden Klimakatastrophe).

Foucault und die Macht

Als eine Art Meme haben sich Simplifizierungen verschiedener kritischer Theorien - die hauptsächlich aus Ausschnitten der Originalwerke oder Sekundärliteratur entsprungen sind - verbreitet. Eines der am weitesten verbreiteten Memes ist dabei die Reduktion der Foucaultschen Machttheorie auf ein »Alles ist ein Gefängnis«. Das hinterlistige an Memes ist, dass die Reproduktion und Mutation in ihrer Natur liegt. Je weniger Informationen reproduziert werden müssen, desto leichter fällt die Reproduktion. Je weniger Informationen übertragen werden, desto größer sind die Lücken, die durch eine Reduktion zurückgelassen werden. Je größer die Lücken, umso mehr Spielraum lassen sie für die Mutation. Als wären sie für die heutige Ideologie geschaffen, erlauben Memes es einem eine Position vollkommen anzunehmen und damit subjektiv zu genießen, ohne diese nach außen hin als die eigene Position zu akzeptieren.

Auch wenn das Subjekt eine bestimmte Überzeugung lächerlich macht, wird deren symbolische Wirksamkeit dadurch in keiner Weise beeinträchtigt - nicht selten bestimmt die Überzeugung weiterhin das Handeln des Subjekts. Wenn wir uns über eine Haltung lustig machen, liegt die Wahrheit häufig in genau dieser Haltung und nicht in der Distanz, die wir zu ihr einnehmen. Wir machen uns über sie lustig, um vor uns selbst zu verbergen, dass sie in Wirklichkeit unser Handeln bestimmt. Wer seine Liebe zu einer Frau ins Lächerliche zieht, bringt damit beispielsweise oft sein Unbehagen darüber zum Ausdruck, dass er so sehr an ihr hängt.[13]

Aus diesem Grund möchte ich an dieser Stelle Foucaults Machttheorie weiter ausführen, als es das gängige Meme erlaubt.[14] Was zieht in der Forschung einige zu einer Foucaultschen Herangehensweise? »Foucault 'rendered visible' certain aspects of our experience in profoundly new

---

[13] Slavoj Žižek, Weniger als Nichts, Berlin 2014, Suhrkamp Verlag, S. 125

[14] Für eine Auseinandersetzung mit Foucault, die über die Biopolitik hinausgeht und versucht seine Relevanz im heutigen Kontext herauszuarbeiten empfehle ich das von Marita Rainsborough herausgegebene und beim transcript Verlag erschienene Buch: *Foucault heute. Neue Perspektiven in Philosophie und Kulturwissenschaft*

ways for a whole generation of thinkers.«, schreiben Rabinow und Rose in ihrem Vorwort des Buches *Foucault Today*, um die intellektuelle Wucht mit welcher Foucault einschlug zu beschreiben.

> Prisons, schools, and asylums now appeared as less than obvious responses to the need of crime control, the treatment of mental illness, or the requirements of mass education ... The belief that our psyche and our desires lie at the very heart of our existence as experiencing human creatures now turned out to be, not a foundational point that can ground and justify our demands for emancipation, but the fulcrum of a more profound subjectification.[15]

Wer heute von Macht spricht, spricht von Foucault. Wer heute von Foucault spricht, spricht von Biopolitik und Bio-Macht. Jedoch gibt es hier ein Problem. Denn bis auf einen kurzen Ausschnitt in der *Geschichte der Sexualität* finden wir in seinen Büchern nicht viel über diese Konzepte. Alles was wir haben sind Vorträge die zwischen 1975 und 1979 gehalten wurden. Dabei handelt es sich jedoch um unvollendete Texte. Nichtsdestotrotz gibt es ein reges Interesse an den Formen

---

[15] Rabinow und Rose, Foucault Today, 2003, viii.

der Machtausübung, Gouvernementalität und Subjektivierung die aus Foucaults Überlegungen gewonnen werden konnten. Vielleicht ist es sogar diese Lücke die aus dem nicht abgeschlossen sein resultiert, die das Interesse und die vielen Modifikationen und Kritiken dieses Konzepts erst ermöglicht?

Der Begriff der Biopolitik stellt in Foucaults Œuvre eine Veränderung der Bedeutung des Lebens dar. Während er zum Beispiel in *Die Ordnung der Dinge* noch zeigte, wie die Etablierung eines neuen Begriffs von Leben die Möglichkeit des Entstehens der Biologie im 18. Jahrhundert war, so ist der Begriff des Lebens nicht länger ein epistemischer Begriff der auf eine diskursive Verschiebung hindeutet, sondern vielmehr verweist er in der neuen Extension des Begriffs auf verschiedene qualitative Aspekte des kollektiven Lebens.

Vor dem 19. Jahrhundert und unter dem Paradigma der Souveränitätsmacht hatte der Souverän noch die Macht Leute hinzurichten, oder wie Foucault es nennt »sterben zu machen oder leben zu lassen«.[16] In *Der Wille zum Wissen*, seiner Einleitung für eine geplante Geschichte der Sexualität, verwirft Foucault die sogenannte Repressionshypothese.[17] Dieser

---

[16] Michel Foucault, In Verteidigung der Gesellschaft, Suhrkamp Verlag, S. 284

[17] Im 20. Jahrhundert kam zur marxschen Kritik auch Freud und der Freudo-Marxismus hinzu. Seine Kritik der Repression sollte von einigen Antikapitalist_Innen aufgegriffen werden. Denn es war nicht nur die Arbeiterschaft, die unter dem Diebstahl ihres produzierten Mehrwerts und

zufolge war Sexualität historisch betrachtet etwas ständig unterdrücktes. Die Befreiung der Sexualität wird im Rahmen dieser Hypothese als langwieriger historischer Prozess gesehen. Auch wenn Foucault zustimmt, dass Sexualität zum Beispiel im 18. Jahrhundert tabuisiert wurde, so liegt das nicht

---

den schlechten Lebensbedingungen leiden musste. Selbst die Kapitalist_Innen mussten sich mit der Leere des Kapitalismus zurecht finden, der keine Befriedigung des Begehrens gestattet. Somit mussten alle leiden, die Arbeiterschaft allerdings doppelt. In der kritischen Theorie entsteht nun folgender Ansatz: Kapitalismus muss alle Differenzen unterdrücken (Adorno); er benötigt einen Repressions-Mehrwert (Marcuse) und erzeugt damit den eindimensionalen Menschen. Begehren das auf Kommoditäten ausgerichtet ist, ist inhärent unterdrücktes Begehren. Befriedigung benötigt einen Bruch mit der Logik der Kommodität. Der Repressionsgedanke Freuds, der die ersten Freudo-Marxisten begleitete ist jedoch vom Standpunkt Freuds aus bereits veraltet gewesen. Der späte Freud rückte die Repression immer weiter in den Hintergrund. Als er 1920 herausfand, dass die Wiederholung einer Handlung die ein verlorenes Objekt erzeugt Befriedigung aber keinen Genuss bringt, begann er zwischen beidem zu unterscheiden und sah die Befriedigung als zentral an. Eine der Beobachtungen war der negative Therapie Effekt: Versuchte man die Unterdrückung der Patient_Innen aufzuheben und Genuss zu ermöglichen, so schufen die Patient_Innen einfach neue Situationen, in denen sie ihr Leid wiederholten. Anders gesagt: Der Freud vor Jenseits des Lustprinzips war noch vollständig in die kapitalistische Logik des Versprechens eingebunden und sah die Psychoanalyse als Versprechen die Repression zu überwinden und damit im Kern revolutionär zu sein. Der späte Freud hingegen wurde gerade deshalb politisch pessimistisch, weil er die Zukunft nicht länger als Ort der Lösung sehen konnte, wenn die Wiederholung in der Gegenwart das ist, was diese formt. Der Traum der Befreiung der Patient_Innen von ihrer Unzufriedenheit stirbt mit der Erkenntnis, dass die Patient_Innen sich der Heilung durch die Psychoanalyse deshalb verweigern, weil sie die Befriedigung schon längst haben, welche die Psychoanalyse ihr verspricht. Foucault kritisiert die Repressionshypothese, fällt jedoch am Ende bei der Formulierung seiner Ethik in der *Geschichte der Sexualität*, auf die Befreiung des Begehrens zurück, was ebenfalls Gross' und Reichs Hypothese war. Er tauscht nur die Begriffe Repression und Begehren durch Macht und Körper aus.

an den repressiven Faktoren, sondern, so Foucault, daran, dass man sowohl gesellschaftlich wie auch politisch immer mehr die Relevanz der Sexualität erkannt hat.[18] Diese Erkenntnis sorgt dafür, dass es eine Verschiebung im Machtgefüge gibt - die Sexualität rückt in den Fokus. Das bedeutet, dass sie Objekt der Kontrolle wird, indem man versucht sie in ein Nützlichkeitssystem einzuhegen.

Für uns ist hier das letzte Kapitel *Recht über den Tod und Macht zum Leben* besonders wichtig. Hier stellt Foucault die Enstehung dieses *Sexualitätsdispositivs* vor. Auf der einen Seite steht die negative Souveränitätsmacht die über Abschöpfung funktioniert, heißt, die den Menschen Produkte und Dienste entzieht. Auf der anderen Seite steht die

---

[18] Hier könnte man Foucault historisch widersprechen. Sexualität wurde bereits im 16. Jahrhundert zum Thema. Frauen wehrten sich gegen die Nachteile der Leibeigenschaft, schlossen sich den Häretikern an und bedienten die Allmende was ihre Solidarität stärkte, weshalb der Herr über den gelebten Sex seiner Leibeigenen bestimmte. Um die Aufstände der Bauern und Frauen zu dimmen lenkte der Adel in Zusammenarbeit mit dem Bürgertum und den Kirchen die Feindschaft auf die Frauen um. Man entkriminalisierte Vergewaltigungen, führte einen Kreuzzug gegen die Häresie und kreierte das Feindbild der Hexe. Die Hexe war alles das was unserem heutigen Rollenbild der Frau noch immer widerspricht. Echte Frauen seien schwach, irrational, übersensibel und hatten keine Lust an und auf Sex. Sie waren auch nicht polyamorös. Aber hatten einen biologischen Drang zum Betrügen und zum Bösen. Jede Form des nicht-reproduktiven Sexes und jeder nicht-reproduktiven Arbeit wurde wortwörtlich verteufelt. Hier wurde zugleich das Feindbild der »Schlampe«, wie wir es heute noch kennen, wie auch der »Schwuchtel« (»faggot« wortwörtlich Holzbündel, da man mit diesen die Hexen in Flammen setzte), wie wir es heute noch kennen, erfunden. Für mehr siehe Silvia Federicis *Caliban und die Hexe*

Bio-Macht. Im Übergang vom 17. zum 19. Jahrhundert verliert die Abschöpfung ihren privilegierten Standpunkt als präferierte Methode der Machtausübung und wird zu einem Element unter vielen. Die Bio-Macht ist in einem gewissen Sinne die Umkehrung der Macht des Souveräns Es ist die Macht leben zu machen und sterben zu lassen. Verlassen wird ein gewisses thanatologisches Paradigma, da der Tod vom Leben aus dem Zentrum der Macht verdrängt wurde. Wir haben es hier mit der Verstaatlichung des Biologischen zu tun.

Biopolitik ist die politische Rationalisierung der Administration des Lebens in seiner Multiplizität. Es ist nicht mehr der einzelne, individuelle Körper, der von Interesse ist, sondern der Körper der Bevölkerung, der *Volkskörper*, als Assemblage multipler Körper. Die Disziplinierung des einzelnen Körpers wird heruntergefahren und die Bevölkerung und das Individuum lösen sich in Daten auf: die statistische Bevölkerungsmasse, die Geburten- und Sterberate und auch die Volkskrankheiten gilt es von nun an zu überwachen und zu kontrollieren. Ron Roberts arbeitet in seinem Buch *Psychology and Capitalism* diesbezüglich ergänzend heraus, wie die Psychologie als ein Mittel dieser Biopolitik entwickelt wurde. Es ging der Psychologie darum Daten über den Ist-Zustand der Arbeiterschaft zu sammeln und den Durchschnittswert dieser Statistik als den gesunden Sollzustand auszuarbeiten, wodurch der gesunde Mensch der Psychologie der entfremdete, gequälte Arbeiter geworden ist.[19] Und es scheint sich an diesem Standard seit damals nicht viel verändert zu haben.

Bio-Macht ist die Art und Weise wie Biopolitik in die Tat umgesetzt wird. Foucault beschreibt anhand dessen wie verschiedene biopolitische Regelungen aus den erhobenen Daten abgeleitet wurden (wie zum Beispiel Hygiene-Maßnahmen und Vorsorgeuntersuchungen). Bio-Macht funktioniert über zerstreute Netzwerke die Foucault *Dispositif* nennt. Sie nutzt ein eng zusammenhängendes Netz bestehend aus materiellen Zwängen an Stelle der physischen Existenz eines Souveräns. Gerade zu Corona-Zeiten sollte man darauf hinweisen, dass diese Maßnahmen für Foucault nicht per se gut oder schlecht waren.[20] Es ist nicht so, dass jede Form der Biopolitik oder Bio-Macht per se inhärent böse ist. Vielmehr hat die Biopolitik auch einen positiven Effekt, denn sie konstituieren das Selbst der jeweiligen historisch-politischen Situation. Mit diesem Verständnis der Biopolitik, welche darüber entscheiden möchte wo, wie, wann und wie viel Leben gemacht werden darf, öffnet sich schnell ein breites Themenfeld, welches von diesem Standpunkt aus

---

[19] Vgl. Ron Roberts, Psychology and Capitalism: The Manipulation of Mind
[20] Das oberste Gebot in der Beschäftigung mit Biopolitik sollte heutzutage lauten einen weiteren Agamben zu verhindern.

bearbeitet werden will: Sterbehilfe, Abtreibung, Flüchtlingspolitik, Pandemie-Bekämpfung usw.

Ein anderes Beispiel ist der Rassismus, der für Foucault in dem Buch *In Verteidigung der Gesellschaft* ein zentraler Punkt der Biopolitik ist. Der Zweck des Rassismus als Mittel der Kontrolle liegt letztendlich darin eine *Zäsur* in den Raum des Sozialen einzuführen. Auf der einen Seite steht das was leben muss. Auf der anderen das was Sterben muss. Die Frage nach dem Rassismus soll dabei helfen wie in der Biopolitik das sterben-lassen bzw. töten gedacht werden kann.

Der Krieg der Rassen des 19. Jahrhundert beruft sich auf den Krieg der Rassen im 17. und 18. Jahrhundert. Damals hatte die Rasse noch keine biologische Konnotation. Vielmehr ging es damals um eine politische Spaltung in der Gesellschaft, die die königliche Macht in Frage stellen sollte. Mit Rückgriff auf das evolutionär-biologische Modell des Kampfes ums Leben wurde dieser Rassenbegriff mitsamt seinem Kontext offen biologisiert. Dieser *dynamische Rassismus* hat zwei Funktionen: Auf der einen Seite soll er die Homogenität der Menschen als Menschen Teilen und durch eine biologische Differenz Antagonismen erzeugen die im Sozialen eine Spannung hervorrufen. Auf der anderen Seite übersteigt er den einfachen hierarchisierten Antagonismus gesunder und kranker Rassen. Er soll dazu motivieren die mindere Rasse zu töten, denn je mehr man sterben lässt, desto mehr Leben kann man machen. Das Wohl der einen Rasse wird in einen kausalen Zusammenhang mit dem Unwohl der anderen gestellt. Ihren Höhepunkt erreicht diese rassistische Biopolitik im organisierten Genozid des NS-Regimes. Doch auch heute hört man wenn es um Geflüchtete geht diese Rhetorik von einigen Parteien kommen (»Wir können die nicht reinlassen, weil unsere Wirtschaft/unser Soziales/unsere Kultur/unsere Politik darunter leidet!«). Daran erkennt man wie tief neurechte Positionen im bürgerlichen Diskurs zu finden sind.

Eine weitere Perspektive auf die Biopolitik kommt in Foucaults Vortrag *Die Geburt der Biopolitik* auf. Regierung wird hier in einem sehr weit gefassten Sinne verwendet. Regierung ist für Foucault nicht nur - wie man es heute versteht eine politische und/oder juridische Administration - sondern auch der Begriff für verschiedene Formen der Fremdenführung und des sich-selbst-regierens. Historisch fällt das Aufkommen der Biopolitik mit dem Aufkommen der liberalen Regierungsform zusammen. Dabei ist Liberalismus für Foucault vor allem eine spezifische Rationalität des Regierens, die sich auf eine Kritik des *zuviel Regierens* beruft und natürliche Gesellschaftsprozesse wie auch Grenzen der Regierunshandlungen voraussetzt. Aus einer Politik die als

Regierungspraxis die Kräfte des Staates stärkt wird eine ökonomische Regierung deren Ziel es ist alle Regierungspraktiken auf deren Nützlichkeit für den Markt zu untersuchen.

Betrachtet man nun die Reichweite die die Biopolitik hat, fällt es einem schwer an Bereiche des Lebens zu denken, die nicht von dieser durchdrungen sind. Diese Matrix der Macht wirkt lückenlos, weil sie lückenlos wirken muss um zu wirken.

Foucault nimmt in seiner Arbeit einige Zwänge auf, die uns natürlich und unvermeidlich erscheinen, und rekonstruiert ihr Erscheinen. Auf der einen Seite wirken sie dadurch kontingent und historisch. Auf der anderen Seite können sie dadurch so wirken, als wären sie das Produkt einer notwendigen Entwicklung. Aspekte unserer Welt scheinen immun gegen Veränderung zu sein. Wenn wir versuchen unser Leben zu leben, müssen wir dies, mit den vorhandenen Grenzen im Hinterkopf. Dies wird umso einschränkender, wenn die Grenzen nicht nur äußerlich sondern auch innerlich sind. Wenn sie das Wesen des Menschen in einen engen Kokon weben. Der Versuch diese Grenzen zu überschreiten und ein anderes Leben zu leben scheint vergeblich.[21]

---

[21] Ich möchte hier anmerken, dass dies nicht das Ende mit Foucault ist. Er selbst sieht, wie er in *Was ist Kritik?* schreibt, in der Historizität eine Möglichkeit. Er ist optimistisch. Die Genealogie zeigt nicht nur wo unsere Grenzen herkommen, sondern, dass man sie auch verändern kann. Ich

Die Machtlosigkeit der Machtanalyse

1977 reagierte eine polemische Kritik auf die Machtkonzeption Foucaults. Dabei handelt es sich um Jean Baudrillards kleines Büchlein *Oublier Foucault*. Was aus dieser kleinen Kritik unter ehemaligen Freunden wurde kommt wohl am nähesten an das ran was heute im Geschrei um Cancel Culture gemeint wird. Baudrillard wurde in Folge der Erscheinung aus einigen Buchhandlungen verbannt - er hat sich immerhin mit einer der zentralen Person der französischen linken Intelligentsia seiner Zeit angelegt. Eine weitere interessante Sache die aus Baudrillard Polemik resultierte war die Bildung einer Studiengruppe bestehend aus Baudrillard, Foucault, Lyotard, Deleuze, Guattari und anderen. Baudrillard präsentierte jedoch ein solch aggressiv-kritisches Positionspapier, dass sich nach einer hitzigen Debatte über das Prinzip der Differenz die Gruppe schnell wieder auflöste - welch eine Schande. In *Oublier Foucault* greift Baudrillard auf der einen Seite Foucaults Theorie von Macht wie auch Sexualität, auf der

---

betone hier die Enge, die Be- und Verengung der Worte Foucault, da diese Worte es sind, die die meiste Rezeption Foucaults durchdringen konnten.

anderen Seite den Freudo-Marxismus wie man ihn zu jener Zeit bei Deleuze und Guattari aber auch bei Lyotard findet, an. Für uns soll nur die Kritik an Foucault von Interesse sein. Die ersten Sätze zeigen schon sowohl wie sehr Baudrillard Foucault schätzt, als auch die Schärfe mit der er ihn kritisieren will.

Foucaults schreibweise ist vollkommen, da der Text schon in seiner Bewegung bewundernswert das nachzeichnet, wovon er spricht: von jenem gewundenen Weg, auf dem die Macht entsteht. Ein Weg, der nicht mehr despotisch wie eine Befestigung gebaut ist, sondern eher einem Fluß gleicht, dessen Quellen unzugänglich bleiben; einem Lied ohne Anfang, dessen Strophen doch in keine Katastrophe münden - in eine Entwicklung, die immer weitere Bereiche immer nachhaltiger erfaßt. Auf der einen Seite jene Flüssigkeit und Flüssigkeit der Macht, die das ganze poröse Geflecht des Gesellschaftlichen, des Geistigen und Körperlichen durchtränkt - eine unendlich feine Modulation der Machttechnologien, in denen Gewalt und Nachgiebigkeit unentwirrbar Beziehungen miteinander eingehen. Das alles läßt sich dem Diskurs Foucaults unmittelbar ablesen (der auch ein

Diskurs der Macht ist): Er durchströmt, er besetzt und erfüllt den Raum, den er eröffnet. [...] [Er] lässt keine Leerstelle, keine Phantasmen und auch keine neu entfachten Flammen zu: [Die Analyse] ist von einer geschmeidigen Objektivität, nicht linear, stets auf gleicher Höhe kreisend, makellos. [..] Kurz, der Diskurs Foucaults ist ein Spiegel der Mächte, die er beschreibt. Eben darin liegt seine verführerische Kraft und nicht etwa in seinem "Wahrheitswert". Zwar sind die Prozeduren der Wahrheit sein Leitmotiv, aber das ist ohne Bedeutung, da sein Diskurs nicht wahrer als irgendein anderer ist. [..] Vor allem ist es die Perfektion dieser analytischen Chronik der Macht, die beunruhigt. Wie ein Wasserzeichen zeichnet sich hinter dieser Schrift, die zu schön ist, um wahr zu sein, die Erkenntnis ab, daß dieses Zeitalter insgesamt schon auf der Kippe stehen muß, wenn es möglich ist, derart endgültige Einsichten über die Macht, die Sexualität, den Körper und die Disziplin bis hin zu deren äußersten Metamorphosen auszusprechen. Irgendwie *muß es mit alledem schon vorbei sein*: anders gesagt, Foucault kann ein so wunderbares Tableau nur darum entfalten, weil er an den Grenzen einer schon von Grund auf erschütterten Epoche operiert...[22]

Baudrillard beschreibt hier wie Foucault bereits durch seinen Stil die Machtstrukturen der modernen Gesellschaft nachzeichnet. Grund für die Möglichkeit der Rekonstruktion ist jedoch, dass wir den nachgezeichnete Moment bereits hinter uns liegt. Wir können die Art und Weise wie Macht heutzutage wirklich funktioniert nicht verstehen, da diese sich durch Umkehrungen, Durchstreichungen, Simulationen und Hyperrealität vor uns zu versteckt.

Wir sollen Foucault vergessen - so Baudrillard - da seine Analyse moderner Macht in unserer postmodernen Zeit anachronistisch ist. Diskurse über Macht und Sexualität haben sich radikal verändert. Macht sitzt heute in Kodes, Simulationen, Medien und dem Gleichen und nicht in tatsächlichen Institutionen und deren Beziehungen. Foucault ist nicht in der Lage dazu zu verstehen wie Macht simuliert, angetäuscht oder maskiert wird. Des Weiteren übersieht er wie Zeichenbeziehungen häufig reale Beziehungen der Macht ersetzen.

---

[22] Jean Baudrillard, Oublier Foucault, München 1978, Raben Verlag, S. 9-12

Wie Pornographie auf der einene Seite realen Sex durch ein *obszönes Zeichen* des Sexes austauscht welches das Simulakrum eines *natürlichen Sexes* als Gegenstück erzeugt, so wird reale Macht durch Zeichen der Macht ausgetauscht, wie man an Ronald Reagan erkennen konnte, der eher mit Simulation und Zeichen der Macht regierte, als mit politischem Wissen und Expertise. Weder ist Macht etwas das so organisiert ist wie die Theorien über sie es scheinen lassen, noch lässt sie sich unendlich ansammeln. Baudrillard schreibt hier:

Auf dem Grund jeden Produktionssystems widersetzt sich irgendetwas der Grenzenlosigkeit der Produktion - sonst hätte sie uns schon längst unter sich begraben. Irgendetwas in der Macht widersetzt sich - und zwar sowohl bei denen, die sie ausüben, wie auch bei denen, die sie ertragen. Eine solche Unterscheidung wäre sinnlos, nicht wegen der Austauschbarkeit der Rollen, sondern weil die Macht in ihrer Form umkehrbar ist, weil von beiden Seiten aus etwas ihrer einseitigen Ausübung widerspricht, der Maßlosigkeit der Produktion. Dieses "Etwas" ist kein "Wunsch", sondern etwas, was bewirkt, daß die Macht genau in dem Maße zerfällt, wie sie sich unwiderruflich ausweitet, Und das ist heeute allerorten der Fall.[23]

Der Natur der Macht ist ihre Umkehrbarkeit innewohnend. Alle Unterdrückten können Unterdrückende werden, womit sich Machtbeziehungen regelmäßig neu organisieren, verändern und umkehren. Aus diesem Grund haben sich alte Machtverhältnisse als tote Zeichen aufgelöst und in widersprüchlicher Art und Weise durch die Gesellschaft hinweg verteilt. Einen ähnlichen Prozess ist die Sexualität durchlaufen. Aus diesem Grund greift Baudrillard die Freudo-Marxisten und ihre Mikropolitik des Begehrens mit an.

Während Sexualität als regulierte Kategorie deren Förderungen und Tabus klar zu erkennen waren zuvor eine Praxis der Bourgeois war, spricht sie heute durch Werbung, Mode, die Medien und die Diskurse unserer Zeit: Sie ist nichts privates oder verstecktes mehr, sondern wurde offengelegt. Sexualität ist nichts mysteriöses individuelles mehr, viel mehr herrscht der Imperativ der sexuellen Befriedigung, die man entsprechend gesellschaftlich vermittelter Kodes und Praktiken erringen soll; die Sexualität wird vom Diskurs des Sozialen kolonisiert. Da Sexualität durch alles spricht und somit alles sexuell ist, handelt es sich um das selbe Phänomen wie bei

---

[23] ebd. S. 51-52

der Macht und nichts ist mehr wirklich sexuell. Dadurch ist Foucault nicht länger dazu in der Lage die Formen der postmodernen Sexualität korrekt zu analysieren.

Einigen Personen die heute über Machtstrukturen sprechen fehlt das komplexe historische Verständnis vom Wandel der Machtstrukturen wie es ein Foucault hatte, aber sie teilen dennoch die Ansicht, dass die Strukturen geschlossen sind, das sie alles durchdringen. Die behauptete Omnipotenz des Privilegs wie sie von progressiven Liberalen dargestellt wird ist hier eines vieler Beispiele wie sich diese Auffassung ausdrückt. Die heutige Machtanalyse nimmt die Position ein, von der diejenigen in Machtpositionen sich wünschten sie wäre Wirklichkeit. Sie machen den selben Fehler wie Borges' Kaiser. Er wollte eine Karte seines Landes - in unserem Fall eine Karte der Macht -, die das gesamte Territorium abdeckt, was letzten Endes dazu führte, dass die Karte wortwörtlich durch ihre schiere Größe das ganze Territorium wie ein Überzug abdeckte. Indem die Machtanalyse sich in die Position des Kaisers denkt, vertauscht sie die Realität - mit all ihren Lücken - mit der Karte die alles abdeckt.

[Eben] darin besteht der Wahn des großen zentralen Zero, sein Wunsch nach der Erstarrung eines Körpers, der nur in der Vorstellung ›existieren‹ kann.[24] Indem sie die Vorstellung mit der Realität vertauschen, schaffen sie reale Effekte, die dafür sorgen, dass die Wirkung und die Realität zusammenfallen.

Wege zur Universalität

Die Reaktion auf Macht einiger Linker ist eine instantane Pathologisierung dieser. Insofern politisches Engagement über verletzte Identitäten betrieben wird, muss jede Macht abgelehnt werden. Es ist schließlich eben jene Macht, welche die Opposition zur Opferrolle einnimmt. Die schönen Seelen versuchen jederzeit besser als ihre Gegner zu sein. Sie sind jedoch so sehr damit beschäftigt für das Gute und gegen das Schlechte zu sein, dass jeder strategische Gedanke an ihnen verloren ist. Selbst in anarchistischen Kreisen, den wohl am weitesten entfernten von der Kirche, herrscht häufig immer noch die selbe Herdenmoral vor, die Nietzsche in seiner Genealogie kritisierte. *Das Gute ist das Nicht-Gefährdende,*

---

[24] Jean-François Lyotard, Libidinöse Ökonomie, übers. von G. Ricke u. R. Voullié, Zürich-Berlin 2007, S. 257

die Schwäche. Das Schlechte ist alles was die pazifistische Balance gefährdet.

Tugendhaften Subjekten wird die Gutheit unterstellt, während das Abweichende sich durch offene Schwäche und Unterwerfung gegen die Skepsis wehren muss. Deshalb hat Heterosexualität keine Coming-Out Story, deshalb behauptet Weißheit keine homogene Geschichte zu haben und deshalb können Kinder unabhängig der Konsequenzen ihres Handelns »mal Fehler machen«. Der Liberalismus versucht dies dadurch auszugleichen, indem er jedem Menschen einen bösen Kern einpflanzt; alle sind nur die Produkte ihrer Entscheidungen und wenn du in einer schlechten Lebenssituation bist, dann musst du auch ein schlechter Mensch sein. Ein Beispiel dafür ist die ideologische Funktion des Gesetzes. Das Gesetz dient als ideologisches Mittel, um den realen Sinn der Gerechtigkeit zu verzerren. Schuld ist eine juristische Kategorie. Nicht die einzelne Tat wird verdammt. Die Person ist nicht einfach verantwortlich für die Tat. Schuld soll das *Sein* der verantwortlichen Person permeieren - *es wird ein Schuldiger.* Damit ist es nicht die Tat die schlecht ist sondern die Gesamtheit der Person.

Seine eigene Erzählung glaubend bastelt der Liberalismus aus den Menschen Statistiken. Unschuld ist dabei am höchsten und Gefahr am niedrigsten gewertet. Die zwei beliebtesten Reaktionen darauf resultieren in einem Kampf um Anerkennung. Die einen auf Seiten der Unschuld (Sicherheitspolitik), die anderen auf Seiten der Gefahr (Unterwerfungspolitik), womit beide Seiten Zwillinge der selben Mutter sind.

Was ist die Alternative zu einer individualistischen Ethik? Wenn die individualistische Ethik die Handlungsmöglichkeiten in eine algorithmischen Logik verformt, dann ist das Aufgeben der Identität, die Position der Moralität gegen die Sittlichkeit, die Alternative. Es ist eine Indifferenz gegenüber der Idee jemand partikulares zu sein; es wird möglich mehrere, kontradiktorisch scheinende Identitäten und Positionen zu beziehen, da es keinen Mittelpunkt gibt durch den die Kontradiktion entstehen kann. Man läuft jedoch Gefahr dem Opportunismus und Verrat zu verfallen. Was man mit dieser Freiheit tut ist kein Thema der persönlichen Ethik. Es ist eine politische Entscheidung. Jede Politik versucht nicht besser als die Opposition zu sein, sondern die Opposition loszuwerden und das Fundament des politischen Feldes zu durchdringen.

Der Grund warum alle wissen, wenn man von der Revolution der Moderne spricht, dass man über die französische und nicht die amerikanische spricht, ist die, dass die amerikanische die Versklavten aus ihrer Revolution ausschloss. Eine Revolution muss universalistisch sein um eine Emanzipation mit sich zu bringen. Stattdessen wurden sogar die ehemaligen Sklavenhalter finanziell entschädigt, während die ehemaligen Sklaven nichts bekamen. Die Folgen sieht man heute. Ab den 1960ern wurde das emanzipatorische Projekt allgemein hinter sich gelassen. Der Grund dafür waren die gescheiterten emanzipatorischen Projekte der Sowjetunion unter Stalin welches in Gulags endete, die chinesische Revolution welche in der Kulturrevolution Maos endete und der Khmer Rouge in Kambodscha welche in Pol Pots Killing Fields endete. Wenn Emanzipation so aussieht, dann sollte man sie meiden, war die Schlussfolgerung. Der Fehler Stalins, Maos und Pol Pots war es jedoch den Universalismus falsch herum zu betrachten. Sie wollten Orte allgemeiner Zugehörigkeit schaffen. Universalität existiert jedoch genau deswegen, weil wir alle nicht zugehörig sein können, weil eine soziale Ordnung niemals alles einschließen kann. Die Gerechtigkeit betrifft nicht die Verteilung der einzelnen Besitztümer und Schäden, sondern die Wahl des Maßes nach welchem diese jeweils geregelt werden sollen.

Die Politik existiert, wenn die natürliche Ordnung der Herrschaft unterbrochen ist durch die Einrichtung eines Anteils der Anteillosen. Diese Einrichtung ist das Ganze der Politik als spezifische Bindungsform.

Sie definiert das Gemeinsame der Gemeinschaft als politische Gemeinschaft, das heißt als geteilte, auf einem Unrecht gegründet, das der Arithmetik des Tausches und der Verteilungen entwischt. Außerhalb dieser Einrichtung gibt es keine Politik, nur Ordnung der Herrschaft und Unordnung der Revolte.[25]

Gerechtigkeit ist kein Wert der erfunden sondern gefunden werden muss. Und das nicht irgendwo, sondern in den internen Limitierungen einer jeden Gesellschaft. Die Armen sind eine Ganzheit, die in Wirklichkeit nur ein Teil des Ganzen ist. Deshalb sind »die Armen« genauso wenig die Armen, wie »das Volk« wirklich das Volk ist. Als Anteil der Anteillosen verkörpern sie die Politik, während die Reichen, die mit dem Löwenanteil, die Antipolitik verkörpern. Die Reichen sagen in ihrer gesamten Geschichte nur eines: Es gibt keinen Anteil der Anteillosen. Es gibt viele unterschiedliche Teile der Gemeinschaft (dem Ganzen) - es gibt schließlich verschiedene Interessengruppen -, aber einen Anteil an Anteillosen - einen Anteil an Personen die Nichts haben - den gibt es nicht. Somit ist die Politik der Streit um die Politik, welche wiederum erst dazu in der Lage ist die Politik zu schaffen. Die Politik kreiert sich retrospektiv selbst. Linke vermeiden Universalität, weil sie

---

[25] Jacques Rancière, Das Unvernehmen, Frankfurt am Main 2002, Suhrkamp Verlag, S. 24

diese Massenmorde nicht erneut reproduzieren wollen, jedoch verstehen sie dabei Universalität falsch. Rechte vermeiden Universalität, da diese ungleich verteilten Reichtum und Privilegien unterminieren würde, was sie nicht wollen. Indem Rechte erkennen das Universalität für ihr menschenverachtendes Weltbild eine Gefahr ist verstehen sie Universalität besser als einige Linke heute.

Identität ist ein Partikularismus, welcher aus dem ideologischen Feld generiert wird. Aus diesem Grund ist Identität nicht in der Lage dazu gegen die Ideologie vorzugehen. Wenn Universalität unterdrückerisch wirkt, dann ist es keine genuine Universalität, sondern eine partikulare Identität welche sich als authentisch gebert. Authentische Universalität ist etwas entfremdendes, aber durch die Entfremdung kann es sich von allen Partikularismen unterscheiden. Nur durch Universalität kann wahre Solidarität entstehen, da durch sie Familie und Freunde zu Könnten-Fremde-Sein werden - die eigene Identität wird entfremdet und dadurch Partikularismus unterminiert. Universalität ist niemals etwas gegebenes in dem Feld der sozialen Ordnung und deshalb kann es gegen die Ideologie operieren; es ist dasjenige, welches von der sozialen Autorität nicht sichtbar gemacht wird. Mit Kant gesprochen bringt uns unsere Identität keine Freiheit. Sie beschränkt uns sogar. Das liegt daran, dass Identität nichts ist, was wir uns in einem spontanen Akt selbst schaffen. Sie ist etwas, dass uns gewalttätig von den natürlichen und sozialen Umständen aufgezwungen wird. Selbst wenn wir uns für eine andere Identität entscheiden, als die, die uns von Außen zugewiesen wurde, handelt es sich, in Kantischen Begriffen, um Heteronomie und nicht um Autonomie, da wir die Identität basierend darauf wählen, wie externe Kräfte sie wahrnehmen.

Identität ist im Sozialen unsere Versicherung. Sie gibt uns eine gewisse Sicherheit, weil sie uns anleitet. Wenn ich X bin, dann habe ich folgende Rollenerwartungen zu erfüllen. Der männliche Mann kann auch seine Misogynie genießen, da er sich nicht als misogyn erlebt. Es ist die Rolle. Die Identität ist zugleich auch unser symbolischer Tod. Sie zwingt uns so zu sein wie sie. Indem ich die Identität subjektiviere verschwinde ich und werde durch den großen Anderen ausgetauscht.

Singularity derives from setting particular identity aside, and it is universality that makes this act possible. What defines us is not what we are as identities but who we are as subjects. The singularity of the subject becomes clear at the point when universality strips away the particular identity that obscures it and enables the subject to relate to its identity as if it were relating to something foreign.[26]

Politik hat kein konkretes Thema. Politik ist ein Prinzip. Sie hat zwar die Gleichheit, aber diese ist kein konkretes Thema, sondern wird in den politischen Kontexten konkret gemacht. Da überall Machtverhältnisse herrschen müsste alles politisch sein, weshalb nichts politisch wäre.

Nichts ist also an sich politisch. Aber alles kann es werden, wenn es die Begegnung der zwei Logiken stattfinden lässt. Ein und dieselbe Sache - eine Wahl, ein Streik, eine Demonstration - kann Politik oder nichts stattfinden lassen. Ein Streik ist nicht politisch, wenn er eher Reformen als Verbesserungen fordert oder wenn er die Autoritätsverhältnisse anprangert statt das Ungenügen der Gehälter. Er ist es, wenn er die Verhältnisse, die den Arbeitsplatz bestimmen, in seinem Verhältnis zur Gemeinschaft neu ordnet.[27]

Der Haushalt wurde nicht aufgrund von Machtverhältnissen zu einem Ort der Politik, sondern wegen der Frage nach der

---

[26] Todd McGowan, Universality and Identity Politics, New York 2020, Columbia University Press, S. 15
[27] Jacques Rancière, Das Unvernehmen, Frankfurt am Main 2002, Suhrkamp Verlag, S. 44

Befähigung der Frauen in einer Gemeinschaft. Die politische Subjektivierung reißt die Selbstverständlichkeit der Identitäten aus ihren Angeln.

Simone de Beauvoir de-essentialisierte die Femininität (Das Feminine verdeckt die Leere des Weiblichen; Ihre Essenz lässt sich nicht definieren, da es diese Essenz nicht gibt usw). Durch diese Auflösung der Essenz des Femininen zeigt Beauvoir, dass die Frau kein Anderes ist, sondern am Universellen teilnimmt. Beauvoir bemerkte auch, dass es schwer ist seine Femininität abzulegen, da es das einzige ist wofür man als Frau im Sozialen Anerkennung erhält. Frauen können dafür angegriffen werden den Mantel der Macht, den tragbaren Phallus, zu realistisch zu greifen. Cis Männer fühlen sich um ihr Geburtsrecht betrogen und cis Frauen - die den Genuss der Reduktion auf die Identität bevorzugen - lehnen es ab, wenn andere Frauen mit der heiligen Geschlechterordnung spielen und dadurch ihr Belohnungssystem gefährden. Das Aufsetzen der femininen Masquerade kann dafür sorgen, dass diese Personen etwas beruhigt werden, da ihre heiliggesprochene Geschlechterordnung noch nicht vollkommen zerstört zu sein scheint.

Auch wenn sich etwas dahingehend verändert hat, dass Frauen nicht mehr nur das passive Objekt sind, sondern es auch zu einer erfolgreichen Werbeform geworden ist das

Begehren der Frauen zu normalisieren, ist dieses Begehren immer noch ein Begehren nach dem Begehren des Mannes. Frauen dürfen sich attraktiv machen um Männern zu gefallen, aber dieser Prozess ist immer noch in eine Form der Selbstobjektivierung eingebunden, welche von einem heterosexuellen, cismännlichen Begehren ausgeht. Ein Beispiel dafür ist der Schrei nach einem gesetzlichen Kopftuchverbot. Es wird vorausgesetzt, dass das Kopftuch ein Symbol der väterlichen Unterdrückung ist. Deshalb soll es verboten werden. Hier krönen sich Konservative plötzlich mit dem verhassten Feminismus. Wird jedoch erwidert, dass jemand freiwillig ein Kopftuch trägt, dann greift das vermeintlich feministische Argument nicht mehr. Die Frau plädiert auf ihre Wahlfreiheit bei ihrer Bekleidung. Dabei missversteht sie jedoch wie diese Wahlfreiheit gedacht ist. Wahlfreiheit ist auf dem Markt nur für den Kunden erlaubt. Die Frau ist jedoch die Ware. Sie muss in jedem Moment an das Ausziehen erinnern. Sie muss zeigen was sie anzubieten hat. Wer versucht sich zu verdecken oder zurückzuziehen bricht mit der Marktlogik. Das Kopftuchverbot ist ein Punkt der Überschneidung zwischen patriarchaler und kapitalistischer Logik. Es befehligt die Enthüllung der Weiblichkeit.

Der Glaube Feminismus würde sich gegen das Feminine richten hat bei einigen Personen dafür gesorgt, dass sie sich lieber auf die Seite der Heteropatriarchie schlagen. Aber dabei übersehen sie, dass der kontemporäre Feminismus nicht Femininität dämonisiert. Er weist darauf hin welchen Schaden die Verherrlichung kommerzialisierter Bilder der Femininität Frauen (finanziell, psychisch, emotional usw.) antut. Für den Begriff des Patriarchat gibt Kate Manne folgende Definition

> I take it that a social milieu counts as patriarchal insofar as certain kinds of institutions or social structures both proliferate and enjoy widespread support within it - from, for example, the state, as well as broader cultural sources, such as material resources, communal values, cultural narratives, media and artistic depictions, and so on.[28]

Diese Strukturen implizieren Relationen der Subordination, bei welcher entweder die Frau aus der jeweiligen partikularen Domäne entfernt und über eine darunter liegende Domäne zu dienender Arbeit verpflichtet ist, oder das die Frau innerhalb der jeweiligen Domäne systematisch unter den Mann gestellt wird. Damit diese Strukturen vorhanden sind müssen nicht alle Männer über allen Frauen stehen. Die alleinige Subordination des Mannes als Vater und damit Kopf der Familie reicht bereits

---

[28] Kate Manne, Down Girl. The Logic of Misogyny, Penguin Books 2019, S. 45

aus. Des Weiteren sind diese Relationen mit Normen verbunden, die der Frau eine bestimmte affektive Position unterstellt und sie dazu zwingt das Ausleben der Norm als natürlich erscheinen zu lassen (die gute Sekretärin, die coole Freundin use. werden konfrontiert, wenn diese bestimmten Rollen nicht als natürlich sondern gespielt empfunden werden). Wenn das heteropatriarchale Privileg des Phallus als Signifikant der Macht stockt, wird der Besitzer dahin gedrängt Allmacht zu schüren. Die Angst vor dem Kontrollverlust führt zu einem Rückschlag gegen andere. Aus diesem Grund stellen trans Männer für cis Männer eine solche Gefahr da (vom Standpunkt der cis Männer aus): Wenn jemand ohne einen angeborenen Penis einen besseren manufakturierten Penis haben kann (strap-on, operativ usw.), dann ist die Macht der Heteropatriarchie explizit gefährdet, weshalb cis Männer zu ihrem besseren Phallus, der Waffe, greifen. So wie der Mann die Detumeszenz fürchtet, da sie im Angesicht der Frau immer zu früh geschieht, fürchten wir heute die Detumeszenz, da wir ständig auf einem Punkt hoher Produktivität, guter Performance, konstantem Self-Improvement und obendrein dabei auch noch überglücklich sein sollen.

Somit ist Identität auf der einen Seite Oppressiv, auf der anderen Seite jedoch auch ein Zugang zu Anerkennung von Seiten der sozialen Autorität. Indem das Feminine als Identität aufgegeben wird, wird auch die Maskulinität gefährdet, da diese das Feminine braucht um sich durch dessen Negation zu definieren. Das Patriarchat kann nur durch die Überwindung der Femininität als Identität überwunden werden.

Auch wenn heute einige Universalismus als Eurozentrismus kritisieren, zeigt Frantz Fanon, dass es eigentlich genau das Gegenteil ist. Der europäische Kolonialismus, welcher sich als universalistisch proklamiert, kann auf Grund des Kolonialismus nur ein Partikularismus sein. In seiner Behauptung Kultur zu bringen, errichtet er eine parochiale Hierarchie dem Kolonialisierten gegenüber, welche die europäische Identität über die der Kolonialisierten stellt. Demnach ist der eigentliche Standpunkt des Universalismus derjenige der Kolonialisierten welche sich gegen ihre Kolonialherrscher zu wehr setzen.

Es ist kein Kampf für lokale, individuelle Identitäten, welche durch den Kolonialismus bedroht werden, sondern ein Kampf für die universelle Freiheit und Gleichheit jener, welche kolonialisiert werden. Für Fanon ist auch ein Lokalismus nur ein partikularer, reaktionärer Kampf, der sich aus dem Kampf für das Universelle ausschließt. Ein lokalistischer Identitätskampf gegen die Kolonialherrscher kann immer nur in grausamen Regimen enden. Der Nationalismus in unterdrückenden Kolonial-Kontexten kommt schnell auf. Die

Kolonialisierten meinen eine frühere Tradition vor dem Auftreten der Kolonialherrschaft retten zu können.[29] Was man dabei jedoch übersieht, ist, dass das, was man wiederzubeleben versucht erst durch diesen Versuch der Wiederbelebung ins Sein tritt. Zuvor war diese Art der nationalen Identität nicht vorhanden.

> Mit Hilfe der Umkehrung der (unmöglichen) Grenze zu einem (verbotenen) Ort entgehen wir dem Realen als dem Unmöglichen: sobald wir das Reich der Phantasie betreten, wird das Trauma der inhärenten Unmöglichkeit durch märchenhafte Schönheit ersetzt.[30]

Dabei gilt als Legitimation dieses ideologischen Kampfes, das man nicht für seinen Traum sondern für den Traum des Anderen - in dem Fall für den Traum der Vorfahren - kämpft. Das gleiche Phänomen sehen wir hierzulande im Bezug zu Ideen einer natürlichen Männlichkeit und Weiblichkeit, welche laut den Konservativen bis heute in einer historischen Stasis verharrte und nun plötzlich durch andere Menschen die ihre Geschlechtlichkeit leben wollen bedroht wird. Der Unterschied

---

[29] Hegel nannte dies die Illusion der (äußeren) Reflexion
[30] Slavoj Žižek, Weniger als Nichts, Berlin 2014, Suhrkamp Verlag, S. 45

hierbei ist jedoch, dass - im Gegensatz zum Kolonial-Kontext - hier der Feind ein rein imaginärer ist.[31]

> Die altbekannte polizeiliche Logik, die urteilt, dass die militanten Proletarier nicht Arbeiter sind, sondern Deklassierte, und dass die Frauenrechtskämpfer Geschöpfe sind, die ihrem Geschlecht fremd sind, ist, alles in allem, begründet. Jede Subjektivierung ist eine Ent-Identifizierung, das Losreißen von einem natürlichen Platz, die Eröffnung eines Subjektraums, in dem sich jeder dazuzählen kann, da es ein Raum einer Zählung der Ungezählten, eines In-Bezug-Setzens eines Anteils und der Abwesenheit eines Anteils ist.[32]

Der Grund warum Universalismus heute häufig kritisiert wird, ist, dass man Universalismus mit einem holistischen Einschluss von Subjekten durch externe Kräfte vertauscht. Im Versuch diesen Totalitarismus zu vermeiden wurde jede

---

[31] Scott Howards *The Transgender Industrial Context* erfindet zum Beispiel eine geschichtsrevisionistische, antisemitische und rassistische Verschwörung, laut der eine geheime Organisation ausgehend von Juden in der Schweiz, aber inzwischen über die gesamte westliche Welt verbreitet, den weißen Mann auslöschen will, indem alle Kinder in Transfrauen verwandelt werden usw. Dieses Buch ist im November 2020 erschienen und erfreut sich einer großen Beliebtheit unter Konservativen und anderen Rechtsradikalen.
[32] Jacques Rancière, Das Unvernehmen, Frankfurt am Main 2002, Suhrkamp Verlag, S. 48

Möglichkeit auf Emanzipation verworfen. Um zurück zum Universalismus zu kommen ist es notwendig zu verstehen, dass es nichts anwesendes, positives ist, welches das Universelle bildet, sondern etwas, dass allen abwesend ist, da es nicht Teil der symbolischen Ordnung ist.

> Das Unrecht ist einfach die Subjektivierungsweise, in der die Verifizierung der Gleichheit eine politische Gestalt annimmt. Es gibt Politik aufgrund eines einzigen Universellen, der Gleichheit, die die spezifische Gestalt des Unrechts annimmt.[33]

Hinter einigen der heutigen Kämpfe, die als Identitätspolitik gebrandmarkt werden (Black Lives Matter, Me Too, Rechte für trans Personen usw.), steckt ein Verlangen nach dem Universellen. Im Gegensatz dazu werden identitäre Kämpfe, die ihre Blut und Boden Ideologie mitsamt ihren Ethnonationalismen propagieren, von der prädominanten Ideologie und den entsprechenden Staatsapparaten geduldet. Diese behaupten zwar gerne friedlich zu sein, jedoch verbietet ihre Ideologie - welche ein Kampf der Identitäten als den Kern der Politik behauptet - dies, da es ein Identitäts-Äquilibrium niemals geben kann.

---

[33] ebd. S. 50

Ein Beispiel für vermeintliche Linke die sich gegen Identitätspolitik engagieren, dabei jedoch jedwede Universalität über Bord werfen, ist Sahra Wagenknecht. Ihr ist die weiße Arbeiterschaft wichtiger als alle Menschen die aufgrund von Identitätsmerkmalen unterdrückt oder benachteiligt werden. In ihrem neuen Buch schreibt sie:

> Die Theorie hinter dem geschilderten Ansatz nennt sich Identitätspolitik. Sie steht im Zentrum des Linksliberalismus und liefert praktisch das Grundgerüst, auf dem das linksliberale Weltbild beruht. Die Identitätspolitik läuft darauf hinaus, das Augenmerk auf immer kleinere und immer skurrilere Minderheiten zu richten,die ihre Identität jeweils in irgendeiner Marotte finden, durch die sie sich von der Mehrheitsgesellschaft unterscheiden und aus der sie den Anspruch ableiten, ein Opfer zu sein. ... Da sich an identitätspolitischen Diskursen allerdings kaum Arme oder Geringverdiener beteiligen, hat das noch niemanden gestört. Sexuelle Orientierung, Hautfarbe oder Ethnie dagegen funktionieren immer. Wer nun mal weiß und hetero ist, kann es behelfsweise über den Lebensstil versuchen, also etwa als Veganer gegen die Mehrheit der Fleischesser. Auch religiöse Überzeugungen, soweit sie im betreffenden Land nur

von einer Minderheit geteilt werden, können einen zum Opfer und damit unangreifbar machen.[34]

Diese Rhetorik ist frei von jedwedem linken Inhalt. Selbst Slavoj Žižek, der für einige auf der selben Seite wie Wagenknecht steht, merkte in *A Left That Dares To Speak Its Name* an, dass der Kampf gegen Unterdrückung und Benachteiligung in einem Zustand der Spannung und Ausbeutung der einzige Weg sein kann um den Klassenkampf voran zu bringen. »[This] is why any appeal to the white working class, as in today's alt-Right populism, betrays class struggle.«[35] Dies ist wahrscheinlich auch der Grund warum Wagenknecht sich für die weiße Arbeiterschaft und gegen das Proletariat - die Klasse der Nicht-Klasse - entschieden hat.

Paranoia als politischer Modus

Wir haben also keine brauchbare Definition von Konservatismus und haben auch nicht herausfinden

---

[34] Sahra Wagenknecht, Die Selbstgerechten: Mein Gegenprogramm - für Gemeinsinn und Zusammenhalt, Campus Verlag 2021, S. 53ff
[35] Slavoj Žižek, A Left That Dares To Speak Its Name, Cambridge 2020, Polity Press, S. 20

> können, was ihn von anderen Denkrichtungen
> unterscheidet, was sein fundamentales Prinzip ist.[36]

urteilt Ted Honderich, nachdem er über die Ideengeschichte des Konservatismus resümee gezogen hat. Alle damaligen Definitionsversuche widersprechen sich entweder inhärent oder im Vergleich mit anderen Konservativen der selben Epoche. Wenn uns der Konservatismus nicht sagen kann was er ist, vielleicht ist dann der Neokonservatismus dazu in der Lage.

> Russell Kirk, der nicht unwesentlich zum Aufstieg des
> Neokonservatismus in Amerika beigetragen hat,
> denkt ähnlich über diese Lehre von Regierung und
> Gesellschaft. In der Einleitung zu seinem immer
> wieder nützlichen Portable Conservative Reader führt
> er aus, der Konservatismus sei weder ein politisches
> System noch eine Ideologie, er sei vielmehr nichts
> anderes als »die Negation aller Ideologie«.[37] (S. 34)

Wer jedoch grundlegend begreift was eine Ideologie ist, weiß, dass es keine allgemeine Negation aller Ideologien geben

---

[36] Ted Honderich, Das Elend des Konservatismus, Hamburg 1994, Rotbuch Verlag, S. 21
[37] ebd. S. 34

kann. Alle haben eine Ideologie. Ideologie ist keine Brille die man ablegen kann, sondern besser mit der Netzhaut selbst zu vergleichen. Ohne sie könnten wir unser Verhältnis zur Welt nicht strukturieren. Ideologie ist der Rahmen der unser Weltbild zusammenhält. Es lässt sich aus dem angeführten Zitat vermuten, dass wir es laut Russell Kirk dann mit einer Ideologie zu tun haben, wenn das Denken dem Gegebenen widerspricht. Demnach ist die Ideologie des Konservatismus das Erhalten des Gegebenen. Aber wie alle Ideologien besitzt auch der Konservatismus seine inhärenten Widersprüche. So will er nicht einfach das Gegebene erhalten, sondern auch Vergangenes wiederherstellen. Was treibt dieses Verlangen nach dem Vergangenen an?

Es handelt sich hierbei um eine Situation in der man etwas zurückholen will. Aber es ist nicht nur irgendwas das zurückgeholt werden soll. Es handelt sich um das verlorene Objekt.

Damit die Subjektivität entstehen konnte musste sie etwas verlieren - das verlorene Objekt ist das Objekt durch welches wir unser Verhältnis zur Objektwelt orientieren und welches unser Begehren antreibt. Dabei handelt es sich jedoch nicht um ein wirkliches, materielles Objekt. Es ist ein virtuelles Objekt. Es existiert nur insofern es nicht existiert. Subjektivität ist der ontologische Mangel, welcher nur durch ein verlorenes

Objekt gefüllt werden könnte, welches nicht wirklich existiert. Die Fehlwahrnehmung der Substantialität des verlorenen Objekts sorgt dafür, dass wir meinen es würde eine bessere Vergangenheit geben, zu der wir zurückgelangen müssten. Die Überzeugung wir würden durch die Vergangenheit erfüllt werden ist der Ursprung der Nostalgie.

Oberflächlich betrachtet ist die gegenwärtige Idealisierung des Kindes als Ablehnung der Nostalgie zu deuten. Ein Kind ist schließlich eine Investition in die Zukunft. Es ist jedoch nicht ganz so einfach. Die Frage ist doch was aus dem Kind eine Quelle der Hoffnung auf eine bessere Zukunft macht. Was ist die psychische Quelle der Macht des Kindes? Wir idealisieren das Kind nicht einfach weil es unsere Hoffnung auf die Zukunft verkörpert. Wir idealisieren das Kind weil es uns einen Blick auf das gibt was wir für verloren halten. Das Kind spiegelt für uns eine unschuldige Einheit wider. Aus diesem Grund gibt es auf der psychischen Ebene auch keinen Widerspruch bei Pro-Lifern. Das idealisierte Kind ist das Kind vor dem Sündenfall, vor dem Eintritt in die soziale Ordnung. Sobald es in die soziale Ordnung - das Symbolische - eintritt ist es korrumpiert. Pro-Lifern ist das Leben des ungeborenen Kindes wichtig. Das gilt auch noch bis zur Geburt des Körpers. Das Subjekt entsteht jedoch erst mit der Einschreibung in das Symbolische. Die Pro-Lifer wissen es nicht, aber in ihrer Politik drücken sie die Wahrheit der Subjektivität aus: Das Kind kann, sobald es ein Subjekt geworden ist, nicht länger die ideale Einheit repräsentieren, da die Subjektivität selbst ein Riss, ein Mangel, innerhalb dieser zuvor idealen Einheit ist.

Nostalgie ist der psychische Modus Operandi des Konservatismus. Der Konservatismus will zu einer Zeit zurück, in der das Objekt noch nicht verloren war und diesen Zustand erhalten, dabei ist dieses *Vorher* ein Nicht-Ort (ού tópos). *Konservatismus ist Utopismus par excellence.* Die Grenzen der Nostalgie liegen in der Umsetzung. Paranoia lässt sich als eine verschärfte Form der grundlegenden Logik der Nostalgie betrachten. Aus diesem Grund nimmt Konservativismus schnell die Position der Verschwörungserzählung an - wie zuletzt inzwischen sogar hierzulande mit dem antisemitischen Q-Anon Kult. Paranoia verschiebt den Genuss von der eigenen Vergangenheit in die des Anderen. Dadurch wird eine Erklärung dafür konstruiert warum das verlorene Objekt in der Gegenwart tatsächlich verloren ist. Wie soll ich mein verlorenes Objekt auch genießen, wenn es mir doch jemand anderes weggenommen hat? Eine andere Form der Paranoia zeigt sich darin, dass man glaubt man habe das privilegierte Objekt noch nicht verloren und der Andere wäre darauf aus.

Nun mag man sich fragen, warum das Subjekt sich in eine solch anstrengende Position bringen sollte? Die Anziehung für das Subjekt liegt nicht in der konstanten Alarmbereitschaft oder der konstanten Gefahr für die Identität, sondern darin, dass die Paranoia die Lücken im sozialen Feld der Bedeutung schließt und als garantierte Autorität der sozialen Interaktionen dient. Paranoia ist das Produkt der inhärenten Inkonsistenz ausgezeichnet durch das Fehlen einer Autorität der Autoritäten, welche diesen ein sicheres Fundament bieten könnte. Es gibt keine Archē, keinen natürlichen Ursprung, keinen festen Anker in der Natur auf der sich die Politik gründen könnte - der Boden jeder politischen Ordnung ist ihre radikale Kontingenz und jede ihrer Hierarchien wird durch eine äußere Anarchie gehalten. Versucht die Politik sich auf die Gemeinschaft als Archē zu verlassen, so sind die Armen, als Klasse die keine Klasse ist, das Unmessbare im Raum des Maßes und der Verteilung des Gemessenen.

Die Inkonsistenz der sozialen Autorität bietet eine Offenheit für Differenz. Wenn die soziale Autorität ein geschlossenes, konsistentes System wäre, dann könnte das Subjekt nicht in diese eingeschlossen werden. Paranoia ist ein Glaube an einen Anderen des Anderen, an einen Anderen, welcher, versteckt aus dem Hintergrund, programmiert, was uns geschieht/erscheint und dem die nicht vorhersehbaren Effekte des sozialen Lebens zugeschrieben werden, wodurch dem Sozialen Konsistenz zukommt: hinter dem Chaos des

Marktes, der Degradierung der Moral usw. entfaltet sich eine beabsichtigte Strategie.

Die Paranoia ist eine Form der Psychose. Die Psychose ist durch den Mechanismus der Verwerfung definiert. Die psychotische Person kann den Namen-des-Vaters nicht im symbolischen Universum integrieren. Der Name-des-Vaters ist der fundamentale Signifikant, der dem Subjekt eine Identität gibt indem er es innerhalb der symbolischen Ordnung positioniert. Was ist im Falle der Psychose zu tun?

Das Gesetz des Herzens und die schöne Seele

Für gewöhnlich wird die Psychose durch eine Hysterisierung des Subjekts behandelt. Um zu verstehen was das bedeutet ist es wichtig den Unterschied zwischen Leere und Nichts herauszuarbeiten. Nichts ist immer örtlich bestimmt. Es lässt sich zum Beispiel sagen, dass Nichts auf dem Tisch liegt. Im Vergleich dazu wird mit der Leere eine gesamte Dimension gemeint. Dieser fehlt es an Grenzen. Die Leere ist ein unendliches Nichts im Nichts. Die Psychose resultiert in einer Depersonalisation. Das Subjekt verliert sich selbst, indem es seine Realität verliert. Dieser Verlust der Realität bezieht sich auf die traumatische Erfahrung der Leere. Dies wäre Russell

Kirk zufolge der Normalzustand des Konservatismus. Dem ist jedoch nur in einzelnen Fällen so.

Im Gegensatz zur Psychose handelt es sich bei der Hysterie um eine Unzufriedenheit die auf ein bestimmtes Nichts ausgerichtet ist. »Das heißt, es geht immer um ein Nichts innerhalb eines bestimmten Rahmens, in dem man etwas erwartet, aber nichts findet.«[38] konkludiert Slavoj Žižek

> Die erste Aufgabe bei der Analyse eines Psychotikers ist daher die wohl schwierigste, aber auch wichtigste: Das psychotische Subjekt muss »hysterisiert« werden, das heißt, die Leere seiner »Depersonalisation« muss in eine hysterische Unzufriedenheit umgewandelt werden. Das Gegenteil dieser Umwandlung stellt die psychotische Verwerfung dar, bei der das ausgeschlossene Element das Subjekt in die Leere zurückwirft. Aber warum? Weil das ausgeschlossene Element - der Name-des-Vaters - nicht nur einer unter vielen Signifikanten ist, sondern ein Signifikantenrahmen, ein Signifikant, der die Textur eines ganzen symbolischen Gerüsts trägt.[39]

---

[38] Slavoj Žižek, Weniger als Nichts, Berlin 2014, Suhrkamp Verlag, S. 99
[39] ebd.

Lacan machte einen fatalen Fehler, als er die *schöne Seele* mit dem *Gesetz des Herzen* verwechselte.[40] Hegels Konzept des *Gesetzes des Herzens* antizipiert die Disposition der Psychose hin zur Paranoia.

> Was die Notwendigkeit in Wahrheit am Selbstbewußtsein ist, dies ist sie für seine neue Gestalt, worin es sich selbst als das Notwendige ist; es weiß, unmittelbar das Allgemeine oder das Gesetz in sich zu haben, welches um dieser Bestimmung willen, daß es unmittelbar in dem Fürsichsein des Bewußtseins ist, das Gesetz des Herzens heißt ... Was die Notwendigkeit in Wahrheit am Selbstbewußtsein ist, dies ist sie für seine neue Gestalt, worin es sich selbst als das Notwendige ist; es weiß, unmittelbar das Allgemeine oder das Gesetz in sich zu haben, welches um dieser Bestimmung willen, daß es unmittelbar in dem Fürsichsein des Bewußtseins ist, das Gesetz des Herzens heißt ... Diesem Herzen steht eine Wirklichkeit gegenüber; denn im Herzen ist das Gesetz nur erst für sich, noch nicht verwirklicht und also zugleich etwas anderes, als der Begriff ist. Dieses Andere bestimmt sich dadurch als eine Wirklichkeit, die das

---

[40] Siehe als Beispiel Ecrits: A Selection, S. 80

Entgegengesetzte des zu Verwirklichenden, hiermit der Widerspruch des Gesetzes und der Einzelheit ist. Sie ist also einerseits ein Gesetz, von dem die einzelne Individualität gedrückt wird, eine gewalttätige Ordnung der Welt, welche dem Gesetze des Herzens widerspricht, - und andererseits eine unter ihr leidende Menschheit, welche nicht dem Gesetze des Herzens folgt, sondern einer fremden Notwendigkeit untenan ist.[41]

Hegel beschreibt hier klar die Position des psychotischen Subjekts. Es ist der selbsternannte Held, welcher sich gegen die gesamte Realität stellen muss und der sein inneres Gesetz für das einzig wahre Gesetz der Welt hält.

Das Gesetz dagegen, welches dem Gesetze des Herzens gegenübersteht, ist vom Herzen getrennt und frei für sich. Die Menschheit, die ihm angehört, lebt nicht in der beglückenden Einheit des Gesetzes mit dem Herzen, sondern entweder in grausamer Trennung und Leiden oder wenigstens in der Entbehrung des Genusses seiner selbst bei der Befolgung des Gesetzes und in dem Mangel des Bewußtseins der eigenen Vortrefflichkeit bei der

---

[41] G. W. F. Hegel, Werke, Band 03: Phänomenologie des Geistes, Frankfurt am Main 1970, S. 275

Überschreitung desselben. Weil jene gewalthabende göttliche und menschliche Ordnung von dem Herzen getrennt ist, ist sie diesem ein Schein, welcher das verlieren soll, was ihm noch zugesellt ist, nämlich die Gewalt und die Wirklichkeit.[42]

Es muss für diesen Helden einen Schurken in der Welt geben, welcher dafür verantwortlich ist, dass die Welt sich gegen sein inneres Gesetz wendet. Diese paranoide Konstruktion kann kaum übersehen werden. Wenn das *Gesetz des Herzens* für die Position der paranoiden Psychose und damit für den Konservatismus steht, wofür steht dann die *schöne Seele*? Die *schöne Seele* steht für das was Mark Fisher das *leninistische Über-Ich* nannte.[43] Damit sind wir bei einem der Probleme der kontemporären Linken angekommen. Das leninistische Über-Ich drückt sich im zynischen Pessimismus aus. Jede Form linker Politik wird abgelehnt und verurteilt. Die einzige Ausnahme wäre eine Politik welche die Form der bolschewistischen Revolution verkörpert. Wenn nicht auf einmal aus dem Nichts alles radikal geändert wird, wird linke Politik inhärent als Scheitern betrachtet. Die Ironie dabei ist, dass selbst der gewünschte Modus der Politik letzten Endes

---

[42] ebd. S. 276-277
[43] Vgl. Mark Fisher, Postcapitalist Desire, London 2021, Repeater Books, S. 35-79

ein gescheitertes Projekt war. Jede Chance auf Macht wird somit a priori abgelehnt. Diese Analyse greift jedoch ein wenig zu kurz. Hegel geht mit der *schönen Seele* noch einen Schritt weiter:

> Insofern nun der seiner selbst gewisse Geist als schöne Seele nicht die Kraft der Entäußerung des an sich haltenden Wissens ihrer selbst besitzt, kann sie nicht zur Gleichheit mit dem zurückgestoßenen Bewußtsein und also nicht zur angeschauten Einheit ihrer selbst im Anderen, nicht zum Dasein gelangen; die Gleichheit kommt daher nur negativ, als ein geistloses Sein, zustande. Die wirklichkeitslose schöne Seele, in dem Widerspruche ihres reinen Selbsts und der Notwendigkeit desselben, sich zum Sein zu entäußern und in Wirklichkeit umzuschlagen, in der Unmittelbarkeit dieses festgehaltenen Gegensatzes - einer Unmittelbarkeit, die allein die Mitte und Versöhnung des auf seine reine Abstraktion gesteigerten Gegensatzes und die reines Sein oder das leere Nichts ist -, ist also, als Bewußtsein dieses Widerspruchs in seiner unversöhnten Unmittelbarkeit, zur Verrücktheit zerrüttet und zerfließt in sehnsüchtiger Schwindsucht. Es gibt damit in der Tat

das harte Festhalten seines Fürsichseins auf, bringt aber nur die geistlose Einheit des Seins hervor.[44]

Die schöne Seele muss sich seine eigene Reinheit bewahren. Jedoch kann sie das nur, indem sie das Grauen der Welt beschreit, während sie es selbst reproduziert. Dies ist die Position des zynischen Pessimismus innerhalb der heutigen Linken: *Man träumt von einer Revolution die den Universalismus realisiert und uns dadurch unter anderem vor der sich selbst realisierenden Klimakatastrophe retten kann, während man auf dem Aktienmarkt auf eine Chance nach der möglichst hohen Dividende lungert.*[45] Die schöne Seele ist das hysterische Subjekt. Das Problem des hysterischen Subjekts liegt in einer Überidentifikation mit dem großen Anderen und dem damit verbundenen Verlangen welches an den großen Anderen gerichtet wird. Da es den großen Anderen nicht gibt, kann er das Verlangen auch nicht befriedigen, wodurch das Hysterische in seiner Position bestätigt wird ohne etwas an seiner Lage verändern zu müssen. Dies ist jedoch nicht die einzige Pathologie der heutigen Linken.

---

[44] G. W. F. Hegel, Werke, Band 03: Phänomenologie des Geistes, Frankfurt am Main 1970, S. 491
[45] Hierbei handelt es sich selbstverständlich um eine Übertreibung. Einige Personen die sich politisch im linken Spektrum einordnen haben nicht die Mittel um den Kapitalismus zu ihrem Vorteil auf Kosten ihrer Ansichten auszunutzen.

Wir haben hier die Pathologie der kontemporären Linken über die schöne Seele kennengelernt und herausgefunden, dass Moralist_Innen und Leninist_Innen den gleichen Standpunkt von unterschiedlichen Positionen aus verteidigen. Dieser lautet: Nimm nicht an kontemporäre Politik und ihren Strukturen teil, sonst wirst du durch sie kompromittiert. Es ist besser schwach zu bleiben (da Macht immer unterdrückend ist/wenn du keine absolute Macht haben kannst). Der Feind hat die Macht und deshalb ist die Macht der Feind. Bevor wir nun auf die Ideologie eingehen möchte ich noch einen spekulativen Versuch unternehmen.

Eine mögliche Zukunft der Polizei

Bezüglich der Biopolitik hat Gilles Deleuze nicht nur sein ausgezeichneten Buch über Foucault veröffentlicht. 1990 erschien ein kurzes aber dennoch schlagfertiges Essay: *Postskriptum über die Kontrollgesellschaft*. Dieser lässt sich wie ein Nachtrag zu Foucaults Überlegungen über die Biopolitik lesen. Der Essay wurde in drei Abschnitte unterteilt: Historik, Logik und Programm. Neben diesem Essay führte Deleuze seine Konzeption der Biopolitik in dem Interview *Kontrolle und Werden*, welches in dem bei Suhrkamp erschienen Buch *Unterhandlungen 1972-1990* enthalten ist, ausgeführt und erweitert. Dort kommentiert er bezüglich der Historik:

> Wir sind dabei, in Kontrollgesellschaften einzutreten, die genaugenommen keine Disziplinargesellschaften mehr sind. Foucault gilt nicht selten als Denker der Disziplinargesellschaften und ihrer prinzipiellen Technik, der Einschließung (nicht allein Hospital und Gefängnis, sondern auch Schule, Fabrik, Kaserne). Aber in Wirklichkeit gehört er zu den ersten, die sagen, daß wir dabei sind, die Disziplinargesellschaften zu verlassen, da´das schon nicht mehr unsere Gegenwart ist. Wir treten ein in Kontrollgesellschaften, die nicht mehr durch Internierung funktionieren, sondern durch unablässige Kontrolle und unmittelbare Kommunikation.[46]

Diese Spur eines historischen Übergangs greift Deleuze auf. Das wir uns in einem historischen Übergang befinden erkennen wir daran, dass alle Institutionen, die über die

---

[46] Gilles Deleuze, Kontrolle und Werden, in: Unterhandlungen 1972 - 1990, Frankfurt am Main 1993, Suhrkamp, S. 250

Technik der Einschließung funktionieren, sich in der Krise befinden. Im Postskriptum schreibt er:

> Wir befinden uns in einer allgemeinen Krise aller Einschließungsmilieus, Gefängnis, Krankenhaus, Fabrik, Schule, Familie. Die Familie ist ein "Heim", es ist in der Krise wie jedes andere Heim, ob schulisch, beruflich, oder sonstwie. Eine Reform nach der anderen wird von den zuständigen Ministern für notwendig erklärt: Schulreform, Industriereform, Krankenhausreform, Armeereform, Gefängnisreform. Aber jeder weiß, daß diese Institutionen über kurz oder lang am Ende sind. Es handelt sich nur noch darum, ihre Agonie zu verwalten und die Leute zu beschäftigen, bis die neuen Kräfte, die schon an die Tür klopfen, ihren Platz eingenommen haben.[47]

Ein Beispiel aus der aktuellen politischen Situation ist natürlich die Gefängnisreform. Am 26.01.2021 hat Joe Biden eine Anordnung unterzeichnet, welche die Verträge des Justizministeriums mit privaten Gefängnissen beenden soll und die die Durchsetzung eines Gesetzes zur Bekämpfung der

---

[47] Gilles Deleuze, Postskriptum über die Kontrollgesellschaft, in: Biopolitik. Ein Reader, Hsg. Andreas Folkers & Thomas Lemke, Berlin 2014, Suhrkamp, S. 127 - 128

Diskriminierung auf dem Wohnungsmarkt durch die Regierung verstärken soll. New York Times spricht hier von einem Teil des fortgesetzten Fokus der neuen Regierung auf Rassengerechtigkeit.[48]

Das es sich dabei um eine weitere Reform des sich in der Krise befindenden Gefängniswesen handelt, welche dessen Ende nur weiter hinauszögern kann, ist das was hier aus Deleuzes Analyse zu ziehen ist. BLM und verwandte Bewegungen beharren zu Teilen weiterhin auf die Auflösung der Polizei und des Gefängniswesens. Und früher oder später wird es dazu auch kommen. Nur ist die Frage, wie die darauf folgende Form der Kontrolle aussehen könnte.

Lassen wir uns einmal auf einen spekulativen Versuch ein. Wie Lacan einmal zur 68er Bewegung sagte: Als Revolutionäre wollt ihr einen neuen Herren. Den könnt ihr haben...[49]

Stellen wir uns vor, dass eine Forderung von Black Lives Matter vom Neoliberalismus bestätigt worden wäre. Die alten

---

[48] Vgl. den Beitrag *Biden Moves to End Justice Contracts with Private Prisons* von Jim Tankersley und Annie Karni veröffentlicht am 26. Jan. 2021, letzte Veränderung am 5. März. 2021 https://www.nytimes.com/2021/01/26/business/biden-private-prisons-justice-department.html

[49] Vgl. Gurminder K. Bhambra & Ipek Demir *1968 in Retrospect: History, Theory, Alterity*

Strukturen aus denen auch die heutige Polizei hervorging sind schließlich auch kein genuiner Teil des Neoliberalismus. Wie würde eine Post-Polizei Gesellschaft aussehen, die durch den Neoliberalismus geformt wurde? Wie Deleuze zeigt, ist einer der Kontrollmechanismen die oberflächliche Freiheit unter der die Kontrolle wirkt. Wie könnte also ein Kontrollregime das man nicht direkt sieht aussehen, das die Polizei ersetzen soll? Das Gesetz der symbolischen Ordnung müsste nun durch ein kapitalistisch-meritokratisches Schema hervorgebracht werden. Kontrollmechanismen würden nicht länger über direkte Gewalt wirken. Die Arbeiterschaft körperlich zu beschädigen, schädigt schließlich der Produktion. Es bräuchte eine indirekte Kontrolle. Eine Kontrolle, die sich über eine progressive Rhetorik bar jedwedem progressiven Inhalt rechtfertigen kann.

Ein solches System könnte ein *soziales Punktesystem* sein. Dabei könnte es beispielsweise umgekehrte Lockdowns geben. Jede Wohneinheit könnte einen Smart Meter haben, der ab einem gewissen Energieverbrauch die Elektronik bei der Wohneinheit herunterfährt oder alternativ hohe Kosten als Strafe auferlegt. Der umgekehrte Lockdown würde einen aus der Wohnung ausschließen und den Klimawandel als Rechtfertigung vorschieben.

Die Stellen in der für die sozialen Punkte verantwortlichen Institution würden nach Tests verteilt werden, in denen man nach den oberflächlichsten Theorien der Intersektionalität und kritischen Theorie befragt wird. Allerdings ist ein zentralisiertes Kontrollsystem immer noch zu sehr an die Polizei gebunden.

Es braucht ein System in dem ein Algorithmus als verschwindender Vermittler funktioniert. Die sozialen Punkte werden dezentralisiert vergeben. Alle überwachen alle indem sie den Menschen Punkte und Rezensionen geben. Diese Punkte werden an den Zugang zur Gesellschaft gebunden. Bei Uber gibt es zum Beispiel heute schon Mitfahrer-Punkte. Nun stelle man sich vor, dass jemandes Punkte so niedrig sind, dass die Person aus dem System ausgeschlossen wird. Wohnt sie jetzt in einer Gegend mit schlechter Infrastruktur kommt die Person nicht mehr zu Arbeit, weshalb sie ihren Job verliert und ohne Job die Wohnung usw. Dieses eine System kann bereits schnell gravierende Folgen haben. Jetzt stellen wir uns vor, dass dieses System auf die gesamte Gesellschaft übertragen wird. Man mag vielleicht etwas verwirrt sein. Wie komme ich scheinbar aus dem Nichts auf diese Folgen? Es wird alles verständlicher, schauen wir, was die Folgen für staatliche Institutionen wären, würde man die Exekutive abschaffen.

Was bedeutet es für staatliche Institutionen, wenn die Polizei als konstante Drohung durch das Gewaltmonopol wegfällt? Sobald die Ideologie die Leute nicht länger an die staatlichen Institutionen bindet haben diese ihre symbolische Gewalt verloren. Das Gesetz wird wertlos. Das Gesetz verliert sein Territorium. Aber, wie Deleuze und Guattari in Tausend Plateaus nachgewiesen haben, muss sich etwas, dass deterritorialisiert wird immer irgendwo anders reterritorialisieren. Brechen die staatlichen Institutionen zusammen und verschwindet die Exekutive des Staates muss diese irgendwo in einer anderen Form erneut auftauchen. Dieser Ort ist im Neoliberalismus der Markt. Er wird über seine Algorithmen die Kontrollmechanismen der Gesellschaft in der Hand halten. Somit würde - ausgehend von einer Auflösung der Polizei im Neoliberalismus - der Kapitalismus die Gesellschaft totalisieren und das Staatswesen würde sich in den CEO-Räten reterritorialisieren. Die Auflösung der Polizei als zentralisiertes Gewaltmonopol der Institutionen führt im Neoliberalismus zum Anarchokapitalismus.

Warum der Konservatismus keine Politik hat

Eine Politik zu haben bedeutet in den eigenen Ideen, dem eigenen Plan und den eigenen Handlungen eine Politik auszudrücken. Die Frage danach, was es heißt eine Politik zu haben setzt einen Begriff der Politik voraus. Noch bevor man über eine politische Natur urteilt muss dieser Begriff etabliert sein. Die Politik ist nichts individuelles. Sie ist ein Bedeutungsfeld; ein Raum, in dem Beziehungen sich auf eine bestimmte Art und Weise organisieren. Als Sphäre der Intersubjektivität ist die Politik nie etwas konkret anwesendes, sondern ergibt sich aus dem zwischen den Individuen vermittelnden Element. Diese vermittelnde Sphäre permeiert aufgrund ihrer intersubjektiven Natur vielerlei Ebenen des Lebens: Das persönliche und private, das lokale und globale, das öffentliche und unzugängliche. Man sollte nun jedoch nicht den Fehler machen und den alltäglichen Begriff der Politik mit diesem gleichsetzen. Das was im Alltag Politik genannt wird, dient der Legitimierung und Reproduktion ihrer selbst gesetzten Ordnung. Betrachtet man Foucaults historische Rekonstruktion des Begriffs, ist hier der Begriff Polizei - wie Rancière bereits bemerkte - besser angebracht.[50] Um diese Ordnung zu erhalten muss sie ihre unterdrückten Elemente

---

[50] Vgl. Jacques Rancière, Das Unvernehmen, Frankfurt am Main 2002, Suhrkamp Verlag, S. 33-55

verschwinden lassen. Bei diesen unterdrückten Elementen handelt es sich um das Proletariat - der Anteil der Anteillosen.

Wir haben es mit Politik zu tun, wenn diese Ordnung ins Wanken gebracht wird. Die Politik und das Denken verbindet, dass beide sich nicht einfach nur auf ein Verschieben der Tatsachen, ein Überwachen des Gegebenen, erschöpfen, sondern eine kreative Praxen sind, die dem Gegebenen misstrauen und neue Tatsachen schaffen. Die Stasis die die polizeiliche Ordnung erhalten will deutet durch ihre Aktivität auf ein Kernelement der Stasis hin: *Jeder Stillstand ist sein eigener Klimax, der auf ein neues Ereignis verweist.* Je mehr die polizeiliche Ordnung aktiv die eigenen Strukturen zur Reproduktion zwingen muss, desto offensichtlicher wird ihre Brüchigkeit. Diese Lücken sind von Anfang an bereits als Teil der Anteillosen vorhanden. Sie sind die Dynamik, die das gesamte System am Laufen hält und es zugleich in seiner Existenz bedroht. Die Tatsachen sind nichts weiter als arbiträre und inkonsistente Tatsachen und auf diesen wackligen Grund weist das Proletariat ständig hin. Aus diesem Grund ist man auch bemüht den Anteil der Anteillosen in verschiedenen sogenannten »Interessengruppen« aufgehen zu lassen. Dabei handelt es sich jedoch nicht um einen Versuch die Lücken durch eine Aufnahme in das System zu schließen, sondern so zu tun, als würde es die Anteillosen nicht geben. Somit beginnt

Politik dort, wo die Ausgeschlossenen sich selbst einschließen um ihre Ausgeschlossenheit zu vermitteln. Diesen Einschluss des Ausgeschlossenen kann sich jedoch keine polizeiliche Ordnung leisten, da sie dadurch ihre eigene Reproduktion gefährden würde. Aus diesem Grund kann es nur eine linke Politik geben. Rechte Politik ist die reine Verwaltung von Tatsachen und ist somit eine apolitische Politik - sie erschöpft sich vollkommen in der polizeilichen Ordnung.

Dennoch gibt es Personen die behaupten, dass es ein rechtes Denken und eine rechte Politik geben würde. Es sind nicht nur einige sondern eine signifikante Mehrheit. Diese Mehrheit ist jedoch Opfer eines Missverständnisses. Das, was scheint als wäre es ein rechtes Denken oder eine rechte Politik, ist nichts weiter als die Produktion von Rechtfertigungen für den Status Quo und der Kreation arbiträrer Gründe, warum dieser Status Quo dringend reproduziert werden müsse. Um die Validität der Opposition zu überwinden setzt man dabei auf die Quantität und die vorherrschende Ideologie, die dann in der Intuition des »gesunden Menschenverstandes«, der reinen Idiotie des Bildungsbürgertums, ausgedrückt wird. Ich würde Stagnation, das Ausbleiben eines Denkens oder das Festklammern an bereits Gedachtem nicht als Denken und das Festhalten an alten Strukturen nicht als Politik bezeichnen. Ansonsten scheint die Politik nur für die Privilegiertesten unter den Menschen einen Nutzen zu haben und würde als Ganzes abgeschafft und verachtet gehören.

Die symbolische Ordnung

Wenn also nicht Macht an sich das Übel ist, sondern Macht nur ein Mittel zum Zweck, was ist dann der Zweck? Die Macht ist immer vorhanden sobald Strukturen vorhanden sind. Aber irgendetwas muss diese Strukturen füllen. Gefüllt werden sie von der prädominanten Ideologie. Was heißt das, Ideologie?

> Die politische und die literarische Welt haben der Erfindung des neuen Wortes I D E O L O G I E viel zu verdanken. Unsere englischen Begriffe *Idiotie* oder *Idiotismus* reichen nicht annähernd an seine Gewalt und Bedeutung heran. Vermutlich ist sie die Lehre von der Idiotie.[51]

So beginnt eine Notiz die John Adams - einer der Mitbegründer des amerikanischen Konservatismus - am Rande eines Buches hinterlassen hat. Es heißt dort weiter:

---

[51] Randnotiz aus Adam's Discourses on Davilla, 1805. zitiert nach: Russell Kirk (Hrsg.): The Portable Conservative Reader. New York 1982, S. 66)

Und was für eine profunde, abstruse und mysteriöse Lehre! Man muß tiefer hinabtauchen als die Taucher in Popes *Dummkopfiade*, um etwas in ihr zu entdecken, und selbst dann wird man ihr nicht auf den Grund kommen. Hohles Gerede, die Kunst und die Fertigkeit des Tauchens und Untergehens in der Regierung und deren theoretische Grundlegung - das ist Ideologie.[52]

Nun hatte ich bereits angemerkt, dass der Konservatismus nicht unbedingt die beste Quelle für die Beschäftigung mit dem Konzept der Ideologie ist. Bevor wir in die Tiefen der Ideologie hinabsteigen muss etwas Vorarbeit geleistet werden.

Wir Menschen leben in einem Gemeinwesen. Was hält dieses Gemeinwesen zusammen? Die Faser unseres Gemeinwesens, welches uns die Intersubjektivität und damit auch Kommunikation und Austausch im allgemeinen ermöglicht, ist ein Netz welches auf der einen Seite aus rationalen, sich historisch entwickelten, begrifflichen Begründungsmustern und auf der anderen Seite aus Glaubenssätzen und stützenden Phantasien gestrickt ist. Da ein Netz bekanntlich viele Leerstellen hat, werden die

---

[52] ebd.

Phantasien zur Überdeckung dieser Lücken im Begründungsmuster benötigt. Das Subjekt bewohnt als virtuelle Entität das Anerkennungssystem (Name-des-Vaters), wodurch das Subjekt dazu in der Lage ist dessen Lücken zu füllen. Der Unterschied zwischen Tier und Mensch, insofern dem Tier keine Subjektivität zukommt, liegt darin, dass das Tier Welt *ist* und nicht über begriffliche Abstraktion in einer Beziehung *zur* Welt steht. Unser Verhältnis zur Welt ist somit immer ein vermittelter. Und das Mittel der Vermittlung ist die Sprache. Die Unterscheidung zwischen Subjekt und Objekt ist keine, die der Mensch von Anbeginn seines Lebens an unternimmt. Diese Trennung wird durch einen Verlust geschaffen. Radikal an Lacans Subjekt-Begriff ist, das dieser den Abgrund bezeichnet, welcher zwischen dem cartesianischen Subjekt und dem selbsttransparenten Ego liegt. Descartes versuchte in seinen Meditationen einen sicheren Grund des Wissens zu finden. Dabei hinterfragt er alles dem er sich nicht sicher sein konnte, bis er zu einem Punkt gelangte an dem ihm die Außenwelt, sein Körper, selbst die Mathematik nicht weiterhelfen konnte. Es bleibt ihm nur noch sein »Ich« das durch den Umstand das es existieren muss um diesen Gedanken zu haben, existiert (Cogito Ergo Sum). In Descartes Cogito liegt der radikale Rückzug in sich selbst, welcher eine Trennung vom Realen mit sich bringt. Die

Frage ist nun, wie man von diesem selbstbezüglichen Kreis in die Realität zurückkommt, *Normalität* erreicht. Das Subjekt entsteht, indem es einen Teil von sich opfert um dessen Opfer herum es die Objektwelt schafft, in welcher es sich seinem Opfer entsprechend orientiert. Das Opfer und dadurch die Genese von Subjekt und Objekt findet durch eine Entfremdung statt. Diese ereignet sich in Folge des Eintritts in die Sprache, die symbolische Ordnung. Wenn das Subjekt in die symbolische Ordnung eintritt, tritt der Signifikant als vermittelndes Element zwischen Subjekt und Objekt ein; das Subjekt kann sich nicht länger auf Buch, Stift und Papier beziehen, sondern nur noch auf »Buch«, »Stift« und »Papier«. Es gibt kein zurück. Dass das Subjekt an die Sprache als konstitutives Element gebunden ist, erkennt man allein schon daran, dass man sich zwar viel Mühe geben kann, aber die geometrischen Figuren welche sich hier über das Papier erstrecken werden auf ewig Zeichen bleiben, die alleine mit Lauten und in ihrer Verbindung mit einer Bedeutung verbunden sind. Das hinterlistige an der ganzen Sache ist, dass es kein langsamer Prozess ist. Das Subjekt ist ein habgieriges Kind: Gibt man ihm den kleinen Finger (einen einzelnen Buchstaben), so schreibt es sich bereits in die gesamte symbolische Ordnung ein und es gibt keinen Ausweg mehr.

Auf den Rückzug ins Innere weg von der Außenwelt folgt eine Rekonstruktion der Realität als symbolisches Universum, welches uns für den Verlust des präsymbolischen Realen dienen soll. Der verschwindende Vermittler zwischen Normalität und Verrücktheit, ist die verrückte Geste des radikalen Rückzugs von der Realität. Dadurch wird die Normalität der Verrücktheit als vermittelte Form dieser untergeordnet. Es ist jedoch nicht so, dass die Vermittlung der Sprache dem Subjekt eine vorherige, direkte Beziehung zu den Objekten nimmt, da es das Subjekt als solches vor der Spaltung nicht gab. Somit verliert das Subjekt etwas (einen direkten, nicht vermittelten Zugang zur Objektwelt), dass es zuvor gar nicht hatte. Der Anstoß, welcher das anfänglich leere Subjekt in Bewegung setzt und es zur Selbstbestimmung drängt, ist das Vorhandensein eines anderen Subjekts, welches als Aufforderung funktioniert, die Freiheit zu beschränken. Dieser fichtesche Anstoß ist zu vergleichen mit dem Objet petit a (dem verlorenen Objekt), welches das Subjekt in das leere Absolute und endliche Bestimmte durch das Nicht-Ich trennt. Der Anstoß kommt letzten Endes nicht von außen. Er ist extim:

> [E]in nicht-assimilierbarer Fremdkörper im Kern des Subjekts ... Der entscheidende Punkt ist, daß *Anstoß*

die Konstitution der »Realität« in Bewegung setzt: am Anfang steht das reine Ich mit dem nicht-assimilierbaren Fremdkörper in seinem Herzen, und das Subjekt konstituiert Realität, indem es eine Distanz zum Realen des formlosen Anstoßes einnimmt und auf es die Struktur der Objektivität überträgt.[53]

Während der Eintritt in die Sprache von Außen her motiviert wird, darf man trotzdem nicht vergessen, dass der Zustand des autoerotischen Seins nicht zufriedenstellend gewesen sein kann, da sonst die Offenheit für die Entfremdung durch die Sprache gar nicht erst vorhanden gewesen wäre: Wäre der vorsprachliche Zustand perfekt für uns, dann würde niemand sprechen. Subjektivität ist somit das Ergebnis einer Selbst-Verwundung und wiederholt diesen fundamentalen Masochismus.[54] Die Signifikation ermöglicht erst den Kapitalismus, weil er das Individuum von seiner Umgebung entfremdet, indem er eine Vermittlungsschicht in alle Interaktionen des Individuums einführt. Kapitalismus ist nichts natürliches und auch nicht in die Natur des Menschen geschrieben. Man könnte sich problemlos eine Welt vorstellen,

---

[53] Slavoj Žižek, Die Nacht der Welt, Frankfurt am Main 1998, Fischer Verlag, S. 17-18
[54] Vgl. Sophie Wennerscheid, Das Begehren nach der Wunde, Matthes & Seitz

in der niemals Kapitalismus entstanden wäre. Die Anziehungskraft dieser Ökonomie hängt mit der unnatürlichen Natur des Menschen insofern zusammen, als das es sich der Entfremdung durch den Signifikanten bedient, welcher eine Vermittlung zwischen die Natur und das Subjekt einführt.

Anstatt einfach nur Hunger zu verspüren und den nächsten Apfel wie ein menschliches Tier zu essen, wird das Subjekt eine Befriedigung suchen, die den Apfel durch den Apfel übersteigt. Ein Mensch will keinen Apfel essen. Ein Mensch will einen Mehr-als-ein-Apfel essen. Für das Subjekt des Signifikanten ist - im Gegensatz zum menschlichen Tier - ein Apfel niemals genug. Sobald die Welt der Bedeutung existiert, wird die Nichtübereinstimmung des Apfels mit sich selbst offensichtlich und der empirische Apfel hört auf, sich als zufriedenstellend zu erweisen. Als Objekt des Bedürfnisses ist der Apfel nur ein Apfel und kann das Bedürfnis befriedigen. Aber nach der Einführung des Signifikanten ermöglicht die Selbstteilung des Apfels (in Gegenstand und Zeichen) ihm, etwas zu bedeuten, das über ihn als empirisches Objekt hinausgeht. Eine Ergänzung bindet sich in Form des Signifikanten an den Apfel, und dieser Überschuss bleibt für das Objekt nicht reduzierbar. Ein Apfel ist nicht nur die Summe seiner physischen Eigenschaften. Nimmt man diese weg, dann bleibt immer noch ein irreduzibler Rest, der den Apfel zum

Apfel macht. Das Subjekt in der Welt der Signifikation kann niemals nur einen Apfel essen. *Es kann nur das essen, was »den Arzt fernhält«,* was saftig und köstlich ist oder was als Symbol für die Verführung und die Erbsünde einsteht.

Politik und Identitätsgesetz

Wie kommt es dazu, dass dieser Überschuss mit seiner spezifischen Qualität entsteht? Die Frage nach dem Überschuss entspringt einem bestimmten Begriff der Identität. Anhand der Position die man zum Identitätsgesetz einnimmt lässt sich ein politisches Spektrum skizzieren.[55] »Es ist wie es ist« ist immer inhärent eine konservative Aussage. Man denke an den großen und gerechtfertigten Aufruhr, als Trump über die vielen Menschen die an Corona gestorben sind sagte »It is what it is«.[56] In diesem Standpunkt hätte eine seiner lieblings Autor_Innen ihm zugestimmt. Ayn Rand - einer der größten Fanatiker_Innen des Kapitalismus - behauptete, dass man

---

[55] Es sollte vorab klar gemacht werden, dass ein politisches Spektrum immer nur in Relation zur hegemonialen Politik gebildet werden kann, die sich aufgrund ihrer Immersion in die hegemoniale Ideologie als natürliche, neutrale Mitte gebären kann. Somit ist diese Anordnung kontingent und könnte hypothetisch jeder Zeit verschoben werden.

[56] Siehe dazu das CNN Interview vom 04.08.2020 https://edition.cnn.com/2020/08/04/politics/trump-covid-death-toll-is-what-it-is/index.html (Abgerufen am 09.04.2021)

anhand weniger Axiome zu der Feststellung gelangen sollte, dass der Kapitalismus die einzig wahre und gute Form der Wirtschaft, des Sozialen und der Politik ist (da bei ihr alle drei ineinander fallen). Eines dieser Axiome lautet: A = A. Es ist was es ist. In ihrem voluminösen Roman Atlas Shrugged geht sie sogar noch einen Schritt weiter:

> Whatever you choose to consider, be it an object, an attribute, or an action, the law of identity remains the same. A leaf cannot be a stone at the same time, it cannot be all red and green at the same time, it cannot freeze and burn at the same time... Are you seeking to know what is wrong with the world? All the disasters that have wrecked your world, came from your leaders' attempt to evade the fact that A is A. All the secret evil you dread to face within you and all the pain you have ever endured, came from your own attempt to evade the fact that A is A. The purpose of those who taught you to evade it was to make you forget that Man is Man.[57]

Rand reduziert alles Übel auf einen Bruch mit dem Gesetz der Identität. Bei dieser ernst gemeinten Aussage sollte einem der erste Zweifel bezüglich dieses Axioms kommen. Es wirkt erst

---

[57] Ayn Rand, Atlas Shrugged, First Plume Printing, August 1999, S. 881

einmal so unspektakulär und intuitiv, dass man sich vielleicht fragt, was man dagegen einwenden will. Es ist jedoch ein sehr wackeliges Postulat, da es den ewigen Stillstand behauptet. Wenn alles nur mit sich identisch wäre, dann würde nichts passieren. Aus diesem Grund gehen rechtsautoritäre Charaktere gerne einen Schritt weiter. Sie scheinen zu ahnen, dass hier etwas im argen liegt. Aus diesem Grund sagen sie nicht, dass A = A ist, sondern befehlen es. Sobald Abweichungen in der Tatsachenordnung erscheinen, müssen sie mit aller Gewalt wieder in die zuvor vorherrschende Ordnung eingebunden werden. Mit ihrer Vermutung liegen sie richtig, nur ihre Lösung ist falsch. Rechtslibertäre müssen in ihren Denkversuchen regelmäßig auf autoritäre Maßnahmen zurückgreifen um ihr statisches System vor dem sofortigen Zusammenbruch zu bewahren.

Eine Antwort von seiten der Linken wurde unter anderem von Trotsky formuliert. Dieser schrieb in einem Artikel 1939 beim Versuch den dialektischen Materialismus zu erklären:

> The Aristotelian logic of the simple syllogism starts from the proposition that "A" is equal to "A." This postulate is accepted as an axiom for a multitude of practical human actions and elementary generalizations. But in reality "A" is not equal to "A."

This is easy to prove if we observe these two letters under a lens – they are quite different from each other. But, one can object, the question is not of the size or the form of the letters, since they are only symbols for equal quantities, for instance, a pound of sugar. The objection is beside the point; in reality a pound of sugar is never equal to a pound of sugar – a more delicate scale always discloses a difference. Again one can object: but a pound of sugar is equal to itself. Neither is this true – all bodies change uninterruptedly in size, weight, color, etc. They are never equal to themselves. A sophist will respond that a pound of sugar is equal to itself "at any given moment." Aside from the extremely dubious practical value of this "axiom," it does not withstand theoretical criticism either. How should we really conceive the word "moment"? If it is an infinitesimal interval of time, then a pound of sugar is subjected during the course of that "moment" to inevitable changes. Or is the "moment" a purely mathematical abstraction, that is, a zero of time? But everything exists in time; and existence itself is an uninterrupted process of transformation; time is consequently a fundamental element of existence. Thus the axiom "A" is equal to

"A" signifies that a thing is equal to itself if it does not change, that is, if it does not exist.[58]

Nichts kann subsistieren ohne sich durch seine eigene Wiederholung zu insistieren. Ben Burgis lehnte dies jedoch in seinem Buch *Give Them An Argument. Logic For The Left* ab. Dies begründet er damit, dass uns unsere Erfahrung zeigt, dass Dinge sich in der Zeit verändern. Diese Veränderung liegt jedoch in der Zeit und hat nichts mit der Identität des Zuckers zu tun. Daraufhin geht er kurz auf die plancksche Wirkungskonstante als kürzester Moment der Zeit ein um zu beweisen, dass es gar keinen Stillstand geben kann. Da hier kein Widerspruch mit dem Argument Trotskys zu sehen ist - da es um Ontologie, die grundlegenden Kategorien unseres Seins, und nicht um Physik geht - greift Burgis auf die Strategie zurück allen die das Identitätsgesetz ablehnen insgeheim eine Zugehörigkeit zum Lyssenkoismus zu unterstellen.[59]

Um das Problem des Identitätsgesetzes zu verstehen gehen wir noch einen Schritt weiter zurück, vor Aristoteles. In Heraklit von Ephesus' 12 Fragment heißt es

---

[58] Leon Trotsky, In Defence of Marxism, London 1966, pp.56-80.

[59] Vgl. Ben Burgis, Give Them An Argument. Logik For The Left, Hampshire 2019, John Hunt Publishing, S. 62-64

Denen, die in dieselben Flüsse hineinsteigen, strömen andere und immer wieder andere Gewässer zu. ... [Der Fluß] zerstreut und ... bringt zusammen ... sammelt sich und fließt fort ... nähert sich und entfernt sich. [60]

Bekannt ist dieses Zitat in einer vereinfachten Formulierung von der Platon geschrieben hat (»Man kann den selben Fluss nicht zweimal betreten«). Es gibt jedoch einen signifikanten Unterschied zwischen der platonischen und der heraklitischen Formulierung. Während bei Platon die gesamte Natur nur noch aus Differenzen ohne Identität bestehen würde, erzeugt Heraklit eine Ontologie die sowohl auf Differenz wie auch Wiederholung setzt. Um es zu vereinfachen: Man kann und kann zugleich nicht den selben Fluss zweimal betreten. Diesen Gedanken finden wir unter anderem bei Gilles Deleuze und Félix Guattari wieder.

Assemblages, versammelt euch!

---

[60] Zitiert nach G. S. Kirk et al., Die Vorsokratischen Philosophen, Stuttgart 2001, J.B. Metzler Verlag, S. 213

Wenn es um Identitäten geht, dann kommt man heutzutage wohl kaum um Deleuze und Guattaris Konzept der »Assemblage« herum. Die »Assemblage« ist die Übersetzung des französischen »agencement«. Der Ursprung dieses Begriffs ist bei Guattari zu finden. Dieser entnahm ihn von Freud, ausgehend von dessen Begriff des »Komplex«. In der Psychoanalyse beschreibt der »Komplex« generell eine Affekt besetzte Struktur, durch welche unsere emotionalen Reaktionen und Handlungen auf persönlicher Ebene organisiert werden. Diese Strukturen entstehen aufgrund von intersubjektiven Beziehungen.

Freud lehnte den Begriff des Komplexes weitestgehend ab. Ursprünglich von Bleuler und Jung kommend wirft Freud dem »Komplex« vor, dass dessen Verwendung einen »Jungschen Komplexmythos« erzeugt, aufgrund dessen die Besonderheit der Fälle ignoriert und das Problem selbst als seine Erklärung herangezogen wird.[61] Die »Assemblage« ist nun die Übertragung des Konzepts auf die Ontologie.

Selbst wenn man es nur mit einem Individuum, mit einem »A«, zu tun hat, hat man es nicht einfach mit einem »A« zu tun. Das Individuum ist immer schon Ausdruck einer Assemblage und somit eine nicht-totalisierbare intensive

---

[61] Vgl. E. Jones, Das Leben und Werk von Sigmund Freud, 1955, S. 203

94

Multiplizität.[62] In eine Assemblage sind immer schon Funktionen, Maschinen und diverse semiotische Systeme eingebunden.[63] Es gibt nur Multiplizitäten von Multiplizitäten die eine Assamblage formen und die in und durch die Assemblage operieren. Nun stellt sich die Frage, wie diese Assemblage funktioniert. Das führt zu zwei Kernfragen, die es am Anfang einer jeden Betrachtung sozialer und kultureller Phänomene zu stellen gilt: (1) Was für eine Klasse von Objekt ist es, mit der wir es zu tun haben und was sind seine Komponente (was ist der Umfang des in Frage stehenden)? (2) Welche Art von Relation besteht zwischen den Komponenten und was gibt der Klasse Konsistenz (hier geht es um Hierarchie und Selektion; welche Komposition gehört zu welcher Klasse und zu welcher gehört welche nicht). Inhalt und Ausdruck drücken diese beiden Fragen aus.

Eine Phalanx besteht zum Beispiel auf der einen Seite aus den Ausrüstungsgegenständen, den Soldat_Innen, die Performativität des speziellen Ereignisses der Phalanx und anderem (Inhalt), wie auch auf der anderen Seite aus dem Militarismus mit seiner eigenen Wertehierarchie, Ordnung,

---

[62] Vgl. Félix Guattari, Machinic Unconscious, S. 55
[63] Der Begriff der Maschine kann hier etwas verwirrend sein. Um es verständlicher zu machen sollte man sich fragen was eine Maschine auszeichnet. Mir sagte daraufhin mal jemand eine Maschine sei »etwas, das etwas tut« und ich denke diese Antwort gibt einen wichtigen Hinweis um die Verwirrung zu mindern.

Disziplin und Ehre (Ausdruck). Der Inhalt ist die maschinische Assemblage der Körper und der Ausdruck ist die kollektive Assemblage der Enunziation. Die Assemblage lässt sich herunterbrechen auf eine Kombination aus materiellen nichtdiskursiven Multiplizitäten und expressiven diskursiven Multiplizitäten, die kein geschlossenes Ganzes bilden und denen immer etwas entgehen muss, da sie Teil eines aktiven, sich wandelnden Prozesses sind. Die zwei Formulierungen des Inhalts und des Ausdrucks sind durch eine Assemblage zusammengehalten, die die multiplen Intensitäten und Singularitäten die durch das Stratum eingefangen werden zum resonieren bringen. Stratifikation benötigt zwei Dinge: Zum einen braucht es ein Ereignis das Inhalt und Ausdruck zum resonieren bringt. Zum anderen muss die Resonanz (das Ereignis) auf Seiten des Ausdrucks geschehen. Die Phalanx wäre nichts ohne die Disziplin, die imperiale Ambition usw. Aber diese würden die Phalanx niemals in Bewegung setzen können, wenn es keine Resonanz zwischen einer Menge an verschiedenen Ereignissen geben würde (der Befehl das Vaterland zu ehren, der Befehl die Familie zu ehren, der Befehl das Heimatland zu schützen usw).

Das rhizomatische Prinzip, demzufolge alles in Verbindung gebracht werden kann und sollte, ist nicht so zu verstehen, dass alles auf die selbe Art und Weise und mit der selben

Relevanz in Verbindung steht, geschweige denn, dass auf jedem Feld die Verbindungen gleich wären. Nur auf der Ebene der Immanenz und auf der Ebene der Konsistenz kann alles verbunden werden.

Intensitäten haben in Deleuzes und Guattaris Werken viele Namen - zum Beispiel sind Affekte und Werden die beiden wichtigsten -, aber alle haben eines gemeinsam: Ihnen fehlt die Ausdehnung. Im Gegensatz zu den anderen Arten von Partikeln haben sie keine greifbare, materielle, dingähnliche Objektform oder einen Eigennamen wie »Liebe« oder »Hass«.

Intensitäten sind die Erregungen von Geist und Körper (aus Mangel an einer besseren Art, es auszudrücken), die uns in einem emotionalen, spirituellen oder libidinösen Sinne bewegen, die wir nicht benennen können; sie sind die Regungen in unserem mentalen Gleichgewicht, die vor Liebe und Hass, Wut und Frustration entstehen. Sie sind die Empfindungen, nach denen wir uns sehnen, wenn wir uns auf einem Hoch befinden, und können es kaum erwarten, zu entkommen oder auszulöschen, wenn wir uns erniedrigt fühlen. Deleuze und Guattari bezeichnen das Universum dieser namenlosen Erregungen von Geist und Körper als die Erde (oder auch den *Körper ohne Organe* und *die Ebene der Immanenz*), aber es ist vielleicht einfacher, es als das zu sehen, was es wirklich ist, nämlich als räumliches Bild des Begehrens in seinem reinen Zustand.

Dies ist nicht der Wunsch von Einzelpersonen oder sogar von Gruppen von Einzelpersonen. Es fehlt all diese Spezifität. Es ist Wunsch im Allgemeinen. Das Verlangen, wie es durch uns alle fließt, ist gleichzeitig mehr als wir und »wir« in unserem konstitutiven Kern. Es ist ein Wunsch, der als Fülle und nicht als Mangel gedacht ist. Es ist eine Formulierung des Begehrens, die in Bezug auf die Dinge verstanden werden muss, die es erschaffen kann, und nicht als Antrieb zu Objekten, die es niemals erreichen kann.[64]

Im Falle Deleuzes und Guattaris ist es nicht nur akzeptiert, dass das Eine von internen Inkonsistenzen unterminiert wird. Diese Unterminierung, dieser inhärente Antagonismus, ist kein Fehler sondern ein Feature, welches direkt zum Ding an sich führt. Die Unmöglichkeit ist von Anfang an vorhanden. Man denke hier an die Parabel vom Turm von Babel. Die Vielfalt von Sprachen ist das Produkt des inhärenten Versagens der *einen* Sprache. Die Assemblage ist Ausdruck des Einen der Inkonsistenz der Totalität.

---

[64] Ian Buchanan kontrastiert diese Position in seinem Buch *Assemblage Theory and Method* zwar mit der Lacans, aber ich würde hier wie Aaron Schuster in *The Trouble with Pleasure* (S. 146f) darauf beharren, dass die Kritik vielmehr auf Sartres Ontologie abzielt als auf Lacans Begriff des Begehrens.

Paul Livingston stellt aus diesem Grund Deleuze auf die Seite der kritisch-paradoxalen Philosophie.[65] Die kritisch-paradoxale Philosophie opfert die Totalität um die Konsistenz zu behalten. Demgegenüber steht die generische Philosophie Alain Badious. Dieser opfert die Konsistenz um die Totalität zu behalten.[66] Bei Badiou steht auf der einen Seite die ewige Seinsordnung und auf der anderen Seite das Element der Ausnahme, welche in einer Multitude von Multituden aufgeht, die in einem geschlossenen Kreis endet. Badious Projekt scheitert, da er in einer Welt voller Welten gefangen ist: Seine Ontologie besteht aus Multituden und Leerstellen die aus den Multituden hervorkommen und nicht aus der Selbstbezüglichkeit der Seinsordnung - das bedeutet, dass ein universelles Projekt, welches alle Welten (Kulturen) vereinigen würde, wie der Kommunismus, ausgehend von diesem Standpunkt repressiv wäre. Ihr Höhepunkt ist ein multikultureller, toleranter Liberalismus. Damit lässt sich jedoch nur partikularistische Politik, heißt, eine polizeiliche Ordnung errichten und keine universelle Politik machen.

Mit Deleuze und Guattari ist jedoch das Ende noch nicht erreicht. Hegel geht noch einen Schritt weiter als ihre

---

[65] Vgl. Paul Livingston, The Politics of Logic, New York 2012, Routledge
[66] Für eine ausführliche Rekonstruktion und Gegenüberstellung der Ontologien Badious und Deleuzes siehe: Becky Vartabedian, Multiplicity and Ontology in Deleuze and Badiou, Palgrave Macmillan

kritisch-paradoxe Philosophie. Während die kritisch-paradoxale Philosophie noch zwischen Differenz und Identität unterscheidet, ist für Hegel Identität bereits eine radikale Form der (Selbst-)Differenz. Der Grund dafür ist, dass eine Identitätsbehauptung impliziert, dass ein Ding mehr als die Summe seiner Eigenschaften ist. Es gibt da noch ein etwas, das dieses Ding zu dem macht was es ist. Die Formel der Identität ist 1-1-a; es ist das objet petit a welches den Überschuss des Dings repräsentiert.

Warum es die Welt doch gibt!

Um diese Idee des Überschusses des Dings etwas greifbarer zu machen möchte ich auf einen Bestseller der kontemporären Philosophie eingehen. 2013 erschien Markus Gabriels Buch *Warum es die Welt nicht gibt*, welches viel mediale Aufmerksamkeit generierte. Der Grund ist seine Proklamation einer neuen Philosophie, die kontemporären Alternativen überfliegen sollte: Der Neue Realismus. Diesem zufolge sind Einhörner auf dem Mond genauso real wie wir alle. Der Grund dafür ist, dass die einzig korrekte Ontologie eine flache sein kann, auf der alles was existiert auf der selben Ebene vorhanden ist. Auf der anderen Seite lässt sich nicht alles auf einen Bereich dieser Ebene reduzieren. Es gibt unterschiedliche Gegenstandsbereiche.

Ein GEGENSTANDSBEREICH ist ein Bereich, der eine bestimmte Art von Gegenständen enthält, wobei Regeln feststehen, die diese Gegenstände miteinander verbinden.[67]

Diese Gegenstandsbereiche sind Sinnfelder. Etwas existiert dann, wenn es in einem Sinnfeld erscheint. Als Beispiel nimmt Gabriel ein Nashorn das auf einer Wiese steht. Es existiert weil es auf der Wiese steht.[68] Existenz bedeutet immer durch Differenz und Relation zu anderen Existenzen in einem Sinnfeld aufzutauchen. Die Welt müsste das Sinnfeld aller Sinnfelder sein. Wenn die Welt die Ansammlung aller Dinge die existieren ist, dann kann sie demnach nicht existieren. Denn wenn sie identisch mit allen Dingen in der Welt ist, dann gibt es nichts, was sie von diesen Dingen unterscheidet. Um das verständlicher zu machen stellen wir uns vor die Welt sei ein Karton. Alles was in diesem Karton ist existiert. Damit dieser Karton jedoch selbst existieren könnte, müsste er in sich selbst gesteckt werden. Da dies nicht möglich ist kann es

---

[67] Markus Gabriel, Warum es die Welt nicht gibt, Berlin 2013, Ullstein Verlag, S. 35
[68] ebd. S. 68

den Karton auch nicht geben. Alles was uns am Ende bleibt sind unendliche Sinnfelder.

Gabriel übersieht jedoch, dass das Ganze bereits sein eigener Überschuss ist: Es entfaltet sich in Partikularitäten und ist selbst außerhalb dieser noch vorhanden. Um dies verständlich zu machen greife ich auf einen sehr einfachen aber dennoch effektiven Witz zurück den Lacan gerne zitierte: »Ich habe drei Brüder, Ernst, Paul und mich.« Der Überschuss (»und mich«) vertritt als negative Form die Allgemeinheit (»drei Brüder«), indem die Allgemeinheit inmitten des Partikularen sich selbst in seiner gegensätzlichen Bestimmung antrifft. Oder um es anders zu sagen: Die übergeordnete, allgemeine Kategorie ist als Überschuss Teil des untergeordneten Partikularen.

Ein anderes Beispiel wäre das symbolische Gesetz. Es erlaubt als Allgemeinheit zwar die Versöhnung der Subjekte und deren Koexistenz. Es ist jedoch auf Ebene des Partikularen gespalten. Auf der einen Seite in die regulierende Seite der Prohibition (das versöhnende Gesetz; »du darfst nicht töten« usw.). Es bestimmt die Ähnlichkeit der ihm unterworfenen Subjekte und deren Äquivalenz mit Termen, die von dem Gesetz ausgehen. Auf der anderen Seite, seiner Unterseite, ist es dasjenige, was uns Genuss gebietet (das *verrückte* Gesetz). *Somit ist das Gesetz als Allgemeines die einzig wahre Überschreitung.* Wir haben es hier mit der Negation der Negation zu tun. Zu Beginn hat man das positive Gesetz und die daraus implizierten negativen Verbrechen. Doch dann merkt man, dass das Gesetz dafür sorgt, dass diese implizierte Negativität positiviert wird. Wir haben es nicht länger mit der Abwesenheit des Gesetzes sondern mit positiven, konkreten Verbrechen zu tun. Das reine Gesetzessubjekt ist eine leere Form der Differenz - es verkörpert die Variablen und Konstanten des Konzepts und ist somit dem Wandel unterworfen. Die Variablen und Konstanten des Gesetzes sind ihrerseits jedoch die Variablen eines allgemeineren Gesetzes. Die Universalität steht nicht auf Seiten des Gesetzes, da das Gesetz (sowohl im juridischen, wie auch moralischen und natürlichen) die Position des Besonderen bezieht. Somit ist die einzig wirkliche Überschreitung das Gesetz selbst. Das allgemeine Gesetz steht nicht dem partikularen Verbrechen gegenüber. *Auf der einen Seite haben wir das allgemeine Gesetz und auf der anderen Fallen das partikulare Gesetz und das partikulare Verbrechen zusammen.* Das Gesetz ist das auf die Allgemeinheit erhobene Verbrechen. Das bedeutet auch, dass die Universalität auf Seiten des Verbrechens steht.

Im Bezug auf die Natur und die Naturwissenschaften sieht es ähnlich aus. Die modernen Naturwissenschaften nähern sich der Realität mittels des unmöglichen Realen: Zuerst wird ein Teil der Realität isoliert und anhand von Formeln und Mathematik in seine Reinform gebracht. Diese Reinform wird daraufhin in die Realität zurück übertragen. Das Trägheitsgesetz entstand zum Beispiel erst durch eine Theoretisierung des Fallens im Vakuum und wurde erst danach auf die Realität übertragen. Dieses Reale der Naturwissenschaften kommt so in der Realität nie vor. In der Realität sind prozessual alle Dinge in einer Funktionsrelation mit variierenden Graden der Signifikanz verbunden. Dennoch muss dieses Reale postuliert werden, damit man über die Naturwissenschaften die Realität erschließen kann. Diese Allgemeinheit des Naturgesetzes steht dann der Universalität gegenüber. Diese drückt sich in Wundern - Punkten die das aktuelle wissenschaftliche Paradigma in Frage stellen - aus. Somit ist der Punkt der Wahrheit in den Naturwissenschaften derjenige, der die Lücken in unserem Paradigma realisiert. Die Naturwissenschaften versuchen sich über Wiederholung zu legitimieren. Jedoch kann man es hier nicht mit einer Wiederholung zu tun haben, da nur das verallgemeinerte Besondere und nicht das Universelle wiederholt wird. Mit der Behauptung es würde sich um wirkliche Wiederholung handeln unterschlägt man der Wiederholung das was sie zur Wiederholung macht. Es geht nicht darum ein Ereignis x mal zu durchlaufen, sondern, wie es zum Beispiel an Gedenktagen üblich ist, das eine Ereignis zu potenzieren (X_n^x).

Auch das Sittengesetz versucht sich über die Wiederholung zu legitimieren. Dort wird versucht eine Maxime über die Wiederholung in seiner Universalisierbarkeit zu überprüfen. Das Problem dabei ist jedoch, dass das Gewissen welches diesen Test durchführen soll das Sittengesetz nur denken kann, wenn es außerhalb des Naturgesetzes ist. Zugleich muss es aber das Naturgesetz in sich hineindenken (Sollen impliziert Können). Das Sittengesetz hält uns in der Allgemeinheit. Es ist jedoch nicht die Allgemeinheit der Natur, sondern die Allgemeinheit der Gewohnheit als zweiter Natur. Das Sittengesetz bringt die Gewohnheit Gewohnheiten (als Pflichten) anzunehmen mit sich.

Es ist so, weil ich es so sage!

Die Funktion des erhabenen Objekts liegt darin durch die Verdeckung des traumatischen Kerns - des Realen - sozialen Interaktionen eine gewisse Kohärenz zu geben. Das erhabene Objekt würde, wenn es etwas Wirkliches wäre, für eine nicht-entfremdete Identität sorgen. Jedoch ist dies unmöglich, da das Reale als das Unsagbare nicht symbolisiert und damit nicht in den großen Anderen integriert werden kann. Der Herrensignifikant ist ein Signifikant ohne Signifikat, ein leerer Signifikant, der durch seine symbolische Autorität (»Es ist so, weil ich es sage!«) den Diskurs totalisiert, wodurch der typische Relativismus überwunden wird. Die phantasmatische Einheit überdeckt die realen Antagonismen eines jeden Systems, welche sich in einem positivierten Riss ausdrücken. Dieser positive Riss, das zufällige Element, welches von einer Struktur benötigt wird, ist in seiner Funktion (S_1) der Herrensignifikant ohne Signifikat und damit die Idiotie des Realen. Der Herrensignifikant beinhaltet eine performative Dimension, die nichts auf der Ebene des konstitutiven oder theoretischen Wissens bezeichnet. Da dieser Unterschied nicht reduzierbar ist, ist der Herrensignifikant ein reiner Unterschied, der als reine Identität missverstanden wird. Daher beruht die Vorstellung, dass der Herrensignifikant an sich eine »Bedeutung« hat, auf einer Phantasie. Der Herrensignifikant ist keine vorbestehende, wesentliche Bedeutungsfülle, auf die sich alle Einzelheiten beziehen. Der Herrensignifikant dient dazu, ein Bedeutungsfeld zu vereinheitlichen, gerade weil es sich um einen leeren, intern inkonsistenten Signifikanten handelt. Seine Leere wird rückwirkend als jene Fülle missverstanden, auf die sich jedes Bedeutungsfeld bezieht.

Ein Beispiel dafür ist der Monarch. Der Monarch ist eigentlich nur jemand der rein zufällig in diese Position hineingeboren wurde. Dieser biologische Zufall soll die Position mit dem der Monarch in Verbindung steht legitimieren. Idiotischer kann eine Begründung für eine solche Macht wohl kaum sein. Er selbst muss meist nicht viel können oder wissen, da seine Berater_Innen alles organisieren. Er muss nur mit seinem Namen dastehen und unterzeichnen. Er *ist* der Name (Herrensignifikant). Deshalb kann er auch als Signifikat in seiner tatsächlichen Biologie als arbiträre Grundlage das Erbrecht beanspruchen. Er ist die unvernünftige Ausnahme einer vernünftigen Totalität, dem Staat.

> Der Abstand zwischen der Bürokratie des Staates und dem Monarchen entspricht dem zwischen der Batterie des »Wissens« (S_2, dem bürokratischen »savoir-fair«) und dem Steppunkt (S_1, dem »einzigen« Herrensignifikanten). Das bürokratische »Wissen« bedarf eines einzigen Punktes, der seinen Diskurs »durchsteppt« und von außen her totalisiert, der den Moment der Entscheidung auf sich nimmt und diesen Diskurs dessen performative Dimension verleiht. Unsere einzige Chance besteht darin, S_1 soweit wie möglich zu isolieren, aus ihm den leeren Punkt des formellen Entscheidens, ohne jegliches

konkretes Gewicht, zu machen, das heißt, eine maximale Distanz zwischen S_1 und dem Register der Fähigkeiten zu wahren: Fehlt dieser Ausnahmepunkt, so wird das bürokratische Wissen »verrückt«, die dem Wissen eigene Neutralität nimmt den Anschein der »Bösartigkeit« an; in Abwesenheit der »Steppnaht« ruft sogar seine »Gleichgültigkeit« beim Subjekt den Effekt eines Imperativs des Über-Ich hervor...kurzum, man erreicht die Herrschaft der totalitären Bürokratie. Es ist das Vorrecht der Logik des Signifikanten, die Notwendigkeit dieses Eins, dieses Ausnahmepunktes, eines leeren Namens, zu begreifen.[69]

Ein weiteres Beispiel ist der Terror der Revolution, welcher als verschwindender Vermittler, als radikale Negativität, reinen Tisch mit der sozialen Ordnung macht, um den rationalen, friedvollen Staat zu ermöglichen. Man muss den Terror wählen, um zum rationalen Staat zu kommen. So war es zum Beispiel mit der französischen Revolution. Das selbe ist auch für den Fall Sittlichkeit kontra Moralität zu denken. Die Sittlichkeit ist die Sammlung der gegebenen Werte, welche einem mit der gegebenen Gesellschaft vererbt werden. Die

---

[69] Slavoj Žižek, Die Nacht der Welt, Frankfurt am Main 1998, Fischer Verlag, S- 101-102

Moralität zeichnet sich hingegen dadurch aus, dass sie anhand übergeordneter Werte funktioniert. Man muss die subversive Macht der Moralität gegen die Sittlichkeit wählen.

Was ist denn nun Ideologie?

Die bekannteste Definition der Ideologie ist diejenige Marxens, welche sich auf einen prägnanten Satz herunterbrechen lässt: »Sie wissen das nicht, aber sie tun es.«[70] Diese Definition kommt einem heutzutage jedoch ein wenig veraltet vor. Schaut man sich um hat man auf der einen Seite einen Haufen Pessimist_Innen, die genau wissen was los ist. Und auf der anderen Seite hat man Menschen die Selbstreflexion und das Überprüfen der eigenen Privilegien zu einer Art Wettkampf umfunktionieren. Wir sollten versuchen das selbe Reale zu repräsentieren, welches Marx zu repräsentieren versuchte und dabei besser scheitern als er. Das bedeutet wir sollten Marxens Kampf für die Wahrheit in der symbolischen Ordnung des zynischen Postmodernismus fortführen.[71]

---

[70] Karl Marx in Marx-Engels-Werke (MEW) Band 23: Das Kapital - Erster Band, Hamburg 1890, Dietz Verlag, S. 88
[71] Ich meine hier Postmodernismus nicht als Philosophie. Im Rahmen dessen halte ich Postmodernismus nicht nur für einen viel zu missverstandenen Begriff, ich halte ihn auch für nutzlos, da er äußerst unterschiedliche Philosophien unter einen Hut zu stecken. Es geht, wenn

Die prädominante Ideologie vollführt eine fetischistische Inversion der Marxschen Ideologie. Es müsste heute eigentlich heißen: Sie wissen es *und* tun es dennoch! Eine Ideologie funktioniert in der Gegenwart genau dann, wenn man meint, sich von ihr distanzieren zu können. Man meint der Ideologie entgehen zu können, weil man von sich selbst weiß, dass man mehr als nur das ist, was die Ideologie einem vorschreibt. Während dessen erfüllt man jedoch in seiner Handlung genau das, was die Ideologie von einem verlangt. Die Eltern wissen, dass es den Weihnachtsmann nicht gibt, wie es auch die Kinder wissen. Und dennoch wird Weihnachten mit all seinen auf den Weihnachtsmann bezogenen Ritualen gefeiert. Diese ironische Distanz ist sogar noch schlimmer als der Zustand in dem man nicht weiß was man tut. Warum haben Lieder von Justin Bieber oder Gangnam Style so viele Aufrufe? Wie erklärt sich das Phänomen, dass man Serien, Filme oder Videos schaut, die man absolut nicht leiden kann (das sogenannte *Hate-Watching*)? Unsere Ideologie heute ist eine zynische.

Es wird uns erlaubt unser Gesicht zu wahren und uns zugleich dem Ekel, der Perversion, dem Abstoßenden usw. hinzugeben. Wir bekommen den Kuchen und dürfen ihn

---

ich über Postmodernismus spreche, mehr um einen gesellschaftlichen Modus.

essen. Kurz gesagt: Symbolische Überzeugungen beruhen auf einer imaginären Grundlage. Wissen ist jedoch - im Gegensatz zum Glauben - real und beinhaltet das (An-)Erkennen der Inkonsistenz des Symbolischen und wie diese Inkonsistenz durch Phantasie maskiert wird.

Um noch einmal auf Markus Gabriel zurück zu kommen. Während er sich in vielen Interviews und seinen Büchern als Kämpfer gegen den postmodernen Relativismus gebert, ist seine Ontologie der größtmögliche Relativismus. In einer wirklich peinlichen Argumentation versucht Gabriel Hegels Idee einer »absoluten Idee« zu demontieren. Die »absoluten Idee« ist laut Gabriel ein Supergedanke der sich selbst und alles andere zugleich zu denken versucht. Dies soll jedoch aus dem selben Grund scheitern aus dem auch die Welt gescheitert ist: Dieser Supergedanke müsste sich wie der Karton in sich selbst falten um möglich zu sein.[72] Hier verkennt er vollkommen was die Kernaussage Hegels ist. Der Punkt des Absoluten ist bei Hegel genau der, dass wir der Inkonsistenz niemals entfliehen können. Hegels absolutes Wissen antizipiert bereits das, was später das Lacansche Reale sein wird: Das absolute Wissen soll nicht alle Differenzen überkommen, wie die Standardinterpretation meist

---

[72] Markus Gabriel, Warum es die Welt nicht gibt, Berlin 2013, Ullstein Verlag, S. 151

behauptet. Es handelt sich dabei vielmehr um einen Verweis darauf, *dass jedes formal-symbolische System, jede Totalität, inhärent inkonsistent ist.* Diese Leere treffen wir auch in der Wirtschaft an. Gegen die postmoderne Behauptung der heutige Zynismus wäre zu stark um einen Glauben an eine Ideologie zu ermöglichen - weshalb wir in einer post-ideologischen Zeit leben sollen - reicht es einen Blick auf den Warenfetisch zu werfen, um zu wissen, dass dem nicht so ist.

Der Überschuss des Wertes

Der Warenfetisch beschreibt den Abstraktionsprozess, durch den der Wert eines Gegenstands von dessen Nutzen und notwendiger Produktionsarbeit getrennt und in seinem Wert naturalisiert wird (Ein Haus ist deutlich nützlicher und hat mehr Arbeit beansprucht als ein paar Diamanten, aber dennoch haben diese einen höheren Marktwert). In der klassischen Ökonomie unterscheidet man generell zwischen dem Gebrauchswert und dem Tauschwert einer Ware.[73] Der

---

[73] Neoklassische Theorien verwerfen den Gebrauchswert und setzen eine Nutzentheorie ein, welcher zufolge der Wert einer Ware durch den messbaren Nutzen generiert wird, der sich von Individuum zu Individuum unterscheidet. Diesen Ansatz lehne ich aus dem Grund ab, dass der Begriff

Gebrauchswert ist die Menge der physischen Eigenschaften des jeweiligen Gegenstandes, welche in Relation zu dem Bedürfnis des Menschen stehen. Wenn ich etwas abstellen will, dann wäre ein Tisch eine gute Wahl, da dieser den entsprechenden Gebrauchswert besitzt. Dieser Gebrauchswert ist die Voraussetzung für den Tauschwert - kann man mit dem Ding nichts machen, dann will es auch niemand haben. Der Tauschwert drückt sich nun im Preis auf dem Markt aus. Wenn der Tauschwert über dem Gebrauchswert liegt, dann wird sich niemand bereit erklären die Ware zu kaufen. Der Tauschwert von Waren verbirgt die sozialen Relationen und Aktivitäten, welche jenen Tauschwert konstituieren.

Aber auch diese »Zwieschlächtigkeit« der Ware greift zu kurz. Es gibt ein drittes Wertregister, welches sich nicht auf eines der beiden anderen reduzieren lässt. Lacan spricht hier von »Kultwert« und Baudrillard von dem »Zeichenwert«. Das, was uns entgeht, ist ein dichtes Netz an Bedeutungen, welches die Ware permeiert und dessen jeweilige Aura konstituiert.[74] Ein beliebtes Beispiel in unserer Zeit sind

---

des Nutzens, welcher dieser Theorie zugrunde liegt, bereits eine Werttheorie voraussetzen muss, da ansonsten der Nutzen nicht bestimmt werden könnte. Somit baut das Arbiträre hier auf einem Wert-Solipsismus auf, welcher dem Wert als intersubjektiver Funktion zuwiderläuft.

[74] Vgl. Walter Benjamin, Das Kunstwerk im Zeitalter seiner technischen Reproduzierbarkeit

Bio-Produkte. Ein Apfel wird nicht auf magische Weise gesünder, nur weil er ein Bio-Apfel ist. Dennoch behauptet sein kultureller Wert einen höheren Gebrauchswert zu besitzen als ein regulärer Apfel. Der Hintergrund dessen ist ein gewisser Genuss. Dieser resultiert aus der symbolischen Identität welche durch den Konsum der Ware und ihre Zeichenwerte geschaffen wird, wie Baudrillard in *Das System der Dinge* (1968) ausführt. Es ist dabei wichtig zu betonen, dass Genuss und Lust nicht das Selbe sind. Die Lust wird dadurch erzeugt, dass mein Bedürfnis durch den Gebrauchswert befriedigt wird. Der Genuss hingegen betrifft das Begehren. Ich fühle mich in meiner Identität durch den Zeichenwert der Ware bestätigt und indem ich meine Identität durch ein Äußeres bestätige (und damit wieder-hole), versuche ich die konstitutive Lücke, den Mangel, meines Subjekts zu schließen.[75]

Es gibt einen Grund, aus dem uns dieser Zeichenwert regelmäßig entgeht: Der Zeichenwert einer Ware erscheint uns

---

[75] Regelmäßig weckt ein Objekt in uns einen Drang gekauft zu werden, weil es uns ein unaussprechliches Gefühl vermittelt, dass es das eine, letzte Objekt ist. Wenn wir es haben, dann müssen wir nicht weiter kaufen. Durch dieses empirische scheint das virtuelle Objekt hindurch, welches wir verloren haben. Wenn wir diesen Gegenstand nun kaufen, dann finden wir statt der wortwörtlichen Erfüllung jedoch nur die Leere des Objekts vor, welche uns dazu antreibt diese letzte Handlung auf ewig zu wiederholen. Der Grund dafür ist, dass dieses virtuelle Objekt kein empirisches ist, sondern die Leere. Wir haben bekommen was wir wollten, aber wollten es nicht. Nichts lässt sich nicht fassen.

als organischer Bestandteil des Gebrauchswert. Indem die Ware über den Zeichenwert mit unserer Identität verwoben wird und wir der Identität heute einen privilegierten Status zusprechen, werden wir davon überzeugt, dass die jeweilige Ware die materielle Entsprechung unserer Identität ist. Wenn sich jemand als Goth identifiziert, dann gehören gefärbte Haare zu dieser Identität, weshalb die jeweilige Konsument_In sich die Haare selbst dann färben wird, wenn die Person eigentlich kein Fan von gefärbten Haaren ist.

> Was hier ins Spiel kommt, ist die Dimension des Über-Ichs in Gestalt des Befehls, die jeweilige Ware zu genießen. Man sollte die Umkehrung beachten, die hier am Werk ist, und die für das Über-Ich charakteristisch ist: Der Befehl ermahnt uns nicht dazu, entgegen der Versuchung, der Lust, welche uns der Gebrauchswert einer Ware bereitet, zu erliegen, unserer Pflicht zu folgen (»Kaufe keine Stone-washed-Jeans - auch wenn sie bequem sind, denn du unterstützt damit imperialistische Ideologie!«); ganz im Gegenteil, der Zeichenwert der Ware, die mit ihr verbundene Ideologie, ermahnt uns, ihren Gebrauchswert zu genießen, auch wenn wir

wirklich nicht das geringste Bedürfnis danach verspüren ...[76]

Mangel ist der Hintergrund vor dem der Warentausch stattfindet. Dafür muss der Mangel nicht real sein. Die Drohung des Mangels muss nur real genug wirken. Warum sollten Menschen einen extrem schlecht bezahlten, gesundheitsschädigenden und/oder zeitintensiven Beruf wählen, oder überteuerte Produkte kaufen, wenn ein Leben außerhalb kapitalistischer Relationen möglich wäre? Der Kapitalismus muss die Angst vor einer unsicheren Zukunft am Leben erhalten, damit man ihm nicht entflieht sondern ihn stattdessen zelebriert.

Da unsere Identitäten durch den Konsum produziert werden, lässt sich in einem gewissen Sinne sagen wir leben heute in einer (postmodernen) Konsumgesellschaft. Jedes Zeichen (und damit jede Ware) ist Teil eines gesellschaftlichen Gesamtbildes.[77] Somit ist mit einem Überfluss an zu Konsumierendem die Rede von einer Überflussgesellschaft

---

[76] Slavoj Žižek, Der Exzess der Leere. Ökonomisch-Philosophische Notizen zu Sexualität und Kapital, Turia + Kant, Wien, 2020, S. 260
[77] Kapitalismus lebt von einer Diversität an Identitäten, da eine größere Menge an Identitäten eine größere Menge an Möglichkeiten der Kommodifizierung dieser Identitäten bedeutet. Dies erkannte Marx, weshalb er die Voraussetzung der Freiheit der Arbeiterschaft darin sah, dass sie sich von ihrer individuellen Identität als Arbeiter_in trennen und die universalistische Position der Klasse des Proletariats annehmen sollten.

gerechtfertigt. Jede Ware verweist auf den Überfluss als das Ganze. Müllberge und Plastikinseln im Meer sind dabei nichts ungewöhnliches. Die quantitative Verschwendung ist die Rückseite des überfüllten Kaufhauses. Nun lässt sich einwerfen »Alle Gesellschaften haben immer schon verschwendet und über das Notwendige hinaus konsumiert. Es ist der Konsum des Überflusses, der das Individuum und die Gesellschaft nicht nur ein Gefühl des Überlebens, sondern auch eines des am leben seins zukommen lässt.« Da muss man zustimmen. Dinge wie das Arbeitslosengeld II und ähnliche Beschwichtigungsprogramme - die Menschen gerade so am leben lassen - sind auch genau aus diesem Grund menschenverachtend. Was der heutigen Verschwendung jedoch fehlt ist der kollektive symbolische Wert: Konsum und damit auch die Verschwendung ist heute keine Freizeitaktivität mehr, sondern Teil der gesellschaftlich notwendigen Arbeit. So wie die Arbeiterschaft erst als Produzierende zugerichtet werden musste, müssen die Konsumierenden auch erst durch das System des Konsums zugerichtet werden. Das bedeutet, dass Bedürfnisse erst durch die Konsumgesellschaft produziert werden müssen.

Das System des Konsums ist die Eskalation des Klassenkampfes mit anderen Mitteln. Das Konsumspektakel versucht imaginäre Lösungen für die Unzulänglichkeiten und

Versagungen der Wirklichkeit anzubieten, wodurch diese aus dem Blickfeld geraten sollen; die Demokratie der Dinge verschleiert den Mangel an realer Demokratie.[78] Es ist jedoch nicht einfach nur ein Mangel der hier als unüberwindbare Grenze vorausgesetzt wird.

Die Möglichkeit der Ideologiekritik

Jede Ideologie beinhaltet immer ein Element, welches darauf verweist, dass nicht alles vollständig ideologisch ist. Und genau dieses Element ist Ideologie in seiner reinsten Form. Wenn aber Ideologie so schwer zu unterminieren ist, wie soll dann Ideologiekritik möglich sein? Der Trick liegt darin das Gegenteil zu tun: Die Überidentifikation. Ein Soldat der seine Befehle wörtlich Befolgt sorgt für mehr Chaos als er es im Versuch des Widerstandes jemals leisten könnte.[79]

---

[78] Ein klassisches Beispiel ist hier die Aussage man würde mit seinem Euro auf dem Markt wählen können. Die Realität ist jedoch, dass das Angebot die Nachfrage erzeugt: Wenn man bestimmte Produkte vom Markt ausschließt, kann keine Nachfrage generiert werden. Auf der anderen Seite, selbst wenn man die Prämisse des Verhältnisses von Angebot und Nachfrage akzeptieren würde, würde das bedeuten, dass die Stimme einer Person die reich geerbt hat mehr wert ist als die einer hart arbeitenden Person, da die hart arbeitende Person nicht reich ist. Die vermeintliche Demokratie des Marktes wäre nicht mehr als die Reterritorialisierung feudalistischer Machtverhältnisse.
[79] Vgl. dazu Jaroslav Hašeks *Der brave Soldat Schwejk*

Da die Realität durch die Phantasie strukturiert ist, ist die Veränderung dieses Untergrundes die Voraussetzung, um die Realität verändern zu können. Die Phantasie zu durchqueren erlaubt uns die symbolische Ordnung neu zu sortieren. Diese Neuordnung findet durch eine Ethik des Realen statt.

Die heutige Form der Ethik ist meist die einer Ethik des Nicht-Wollens (Toleranz, Eingestehen, Annehmen usw.). Diese Ethik fußt auf zwei Operationen: (1) Der Wille wird mit dem Tod identifiziert und (2) aus dem Tod (und damit auch aus dem Willen) wird die Grenze der Ethik gemacht. Da das Bewahren des Lebens a priori als ethisch gesehen wird, wird der Todestrieb vorab aus der Ethik entfernt, da dieser bedeuten würde, dass der Tod nicht die Grenze wäre. Die Ethik des Todestriebs ist die Ethik des Begehrens. Ihr geht der Besitz eines Nichts voraus, welches das In-Frage-Stellen erzwingt.

> Der Todestrieb ist nicht bloß ein direkter nihilistischer Gegensatz zu jedem lebensbejahenden Festhalten; er ist vielmehr die formale Struktur des Bezuges, die uns erlaubt, den stupiden selbstgefälligen Lebensrhythmus durch ein leidenschaftliches Festhalten an einer Ursache, sei es Liebe, Kunst, Wissen oder Politik, zu überwinden, durch etwas, für das wir bereit sind, alles aufs Spiel zu setzen. Diese Struktur ist die Struktur des Subjekts. - Wenn also ein

Subjekt eine Reihe von positiven Objekten begehrt, dann muß unterschieden werden zwischen Objekten, die tatsächlich als partikulare Objekte begehrt werden, und dem Objekt, das als Stellvertreter für das Nichts begehrt wird, d. h. das als »negative Größe« im Kantschen Sinn des Wortes fungiert.[80]

Es ist nicht nur so, dass das Subjekt durch einen äußeren Zwang vom Kreislauf des Lustprinzips zum Realitätsprinzip gezwungen wird. Es gibt etwas, das ihm inhärent ist und dafür sorgt, dass das Lustprinzip von sich aus nicht ausreicht. Ein gutes Beispiel für die inhärente Grenze des Lustprinzips ist die in Amerika beliebte Ideologie des Nichtismus (nonisme). Diese ist eine Ideologie des Nichts, weil sie das lustorientierte Leben vollkommen verabschieden will, was in einer Menge Über-Ich Befehlen endet (iss kein Gluten, keine Fette, kein Cholesterin, vermeide Stresssituationen, erzeuge keine Umweltverschmutzung usw). Man muss Dostojewskis Diktum umkehren und sagen: Wenn Gott nicht existiert, dann ist gar nichts mehr erlaubt. Alles ist erlaubt, aber nur in seiner substanzlosen Form: Kuchen ohne Zucker, Kaffee ohne Koffein usw. Das objet petit a ist das Lacansche Mathem für

---

[80] Slavoj Žižek, Die Nacht der Welt, Frankfurt am Main 1998, Fischer Verlag, S. 137

diese Grenze - es ist die Leerstelle im Kreis des Lustprinzips, das die geschlossene Bewegung zum entgleisen bringt.

Es stimmt zwar, daß das objet petit a den Kreislauf des Lustprinzips daran hindert, sich abzuschließen; es führt eine irreduzible Unlust ein. Der psychische Apparat findet aber in dieser Unlust selbst, in der nie endenden, wiederholten Zirkulation um das unerreichbare, fehlende Objekt, eine Art von perverser Lust. Lacans Name für diese »Lust im Schmerz« ist das Genießen (jouissance); die zirkuläre Bewegung, die ihre Befriedigung darin findet, das Objekt immer wieder zu verfehlen und deren wahres Ziel daher mit dem Weg zum Ziel zusammenfällt, ist der Freudsche Trieb. Der Raum des Triebes ist also paradoxerweise ein gekrümmter Raum: Das objet petit a ist nicht eine im Raum existierende positive Entität, sondern im Grunde nichts anderes als die Krümmung des Raumes selbst, die uns dazu nötigt, gerade dann einen Bogen zu machen, wenn wir das Objekt direkt erreichen wollen.[81]

---

[81] ebd. S. 143

Die Ethik des Realen ist keine Ethik im gegebenen politischen Kontext. Ein Beispiel für diese wären Ethikräte.

Früher wurde die Ethik dazu verwendet Macht und positives Recht zu überschreiten. Heute wird Recht auf moralischer Basis etabliert - anstatt diese zu durchlöchern füllt sie heute die Löcher. Wo Risse aufkommen sollen Ethikräte und die Individuen diese stopfen: Ethik wird zu einer restriktiven Funktion des Seins.

Möglich ist dies nur dadurch, dass Ethik fundamental konservativ wird. Das heißt, dass sie aus dem Erhalt des Gegebenen (das Leben, aber auch den Status Quo) keine Grundbedingung sondern den letzten Zweck und höchsten Wert der Ethik macht. Hieraus resultiert ein christlich-vitalistisches Bewertungskriterium, welchem zufolge das einzig Gute darin besteht das Leben zu nutzen (dabei sollen große Pläne usw. (Todestrieb) als illusorisch entfernt werden). Wer sein Leben nicht nutzt, der hat die größte Strafe dem Leben - d.h. dem höchsten Gut - gegenüber begangen.

Was hast du aus deinem Leben gemacht? Du hast zehn Jahre mit einer Sache verloren, die zu keinem greifbaren Ergebnis geführt hat? Du rauchst? Du hast keine Nachkommen? Du bist nicht einmal berühmt? Wo sind denn die Ergebnisse deines Lebens? Bist du wenigstens glücklich? Nicht einmal das! Siehst du, man hätte dein Leben besser einem anderen gegeben. Deine Existenz ist ein Verbrechen, ein Verbrechen gegen das Leben.« Welche Maxime liegt diesem Diskurs zugrunde? Daß der schrecklichste Fehler, das unenetschuldbarste Verbrechen unseres Daseins darin liegt, uns schlecht zu fühlen ... Man wird nicht nur für sein Unglück verantwortlich gemacht, die Lage ist noch viel perverser: das Unglück wird zur Hauptquelle der Schuldigkeit, zum Zeichen dafür, daß wir nicht auf der Höhe dieses so wunderbaren Lebens waren, das uns »geschenkt« worden ist. Man ist nicht etwa elend, weil man sich schuldig fühlt, man ist schuldig, weil man sich elend fühlt. Das Unglück ist Folge eines moralischen Fehlers. Wenn du also moralisch sein willst, dann sei glücklich![82]

Ein Beispiel für diese vitalistische Ethik in Verbindung mit dem bereits erwähnten Nichtismus sind Dating Apps: Sie sind wie eine arrangierte Ehe light. Man bekommt von dem Algorithmus eine Auswahl an potenziellen Partner_Innen gezeigt und einigt sich gemeinsam auf ein Treffen. Der Unterschied ist, dass die externe Vermittlung, welche vollkommen der Plattform

---

[82] Alenka Zupančič, Das Reale einer Illusion, Baden-Baden 2001, S. 16-17

überlassen wird, hier von den beiden Parteien gewünscht wird. Die wortwörtliche Zufälligkeit der Partnerschaft war einst dasjenige, welches genutzt wurde um zwischen dem fortschrittlichen Westen und den Anderen zu unterscheiden - doch selbst diese primitive Distinktion wurde im Neoliberalismus durch eine Rationalisierung des Alltäglichen verworfen. Damals konnte man sich noch auf ein »Es sollte wohl nicht so sein« berufen. Wenn man heute jedoch keine Partner_In findet, dann ist es ein existenzielles Versagen sondergleichen. Diese Verschiebung ist mitunter ein Grund dafür, dass eine Subkultur wie die der Incels entstehen und proliferieren konnte. Die Heirat als *happiness script* bringt mit sich, dass eine Scheidung als etwas absolut negatives betrachtet wird. Eine gebrochene Ehe schadet der sozialen Ordnung - ist die konservative Reaktion - weshalb man lieber eine Ehe aushalten soll. Der Grund dafür ist, dass eine Scheidung unordentlich ist. Es zehrt an der Leistungsfähigkeit aller beteiligten, senkt die Produktivität, zerstört zukünftige Pläne der Selbstverbesserung und sorgt dafür, dass negative Emotionen empfunden werden, welche das positive Denken verdrängen. Als Reaktion folgt jedoch keine Reflexion über die Bedingungen welche einen in diesen Zustand brachten, sondern das script wird wieder wiederholt und man schmeißt sich erneut ins Gemenge.

Konservative argumentieren dafür, dass sich eine direkte Verbindung zwischen einer stabilen Gesellschaft und stabilen Ehen schließen lässt. Es wird sich vorgestellt, dass stabile Ehen mit einer steigenden Produktivität zusammenhängen. Neben dem Plus für die Wirtschaft, die mit dem teuren, extravaganten Prozess der Eheschließung häufig zusammenhängt, gehört auch das erwartete Kind dazu. Die Ehe steigert den Wert des Mannes in der Gesellschaft, da dieser als besserer Performer angesehen wird, während die Frau eine Unsicherheit für Unternehmen darstellt, da sie, sollte sie schwanger werden, für diese eine Belastung wird. Des Weiteren wird von der Gebärenden die Erziehung des Kindes erwartet. Hier unterscheiden sich Konservative kaum von Liberalen; Wo die Ersteren fordern, dass die Frau daheim bleibt und sich um das Kind kümmert, zweifeln Liberale an der Herkulesaufgabe Arbeit und Haushalt zu balancieren und raten der Frau aufgrund eines Mangels an Kita-Plätzen lieber daheim zu bleiben und sich um das Kind zu kümmern.

Die Ehe ist das biopolitische Mittel der Rationalisierung der Intimität hin zur Optimierung ihrer politischen und ökonomischen Effektivität. Damit soll nicht gesagt sein, dass die Ehe an sich ein inhärent konservatives Konzept ist - es gibt auch erfüllende Ehen und die Ehe kann auch als Mittel gegen die Akzeleration des Gleitens von Objekt zu Objekt, wie es das konsumistische Begehren auszeichnet, sein, indem man über längere Zeit beim selben verweilt. Es soll nur auf die Funktion der Ehe innerhalb des neoliberalen Kontext hingewiesen werden. Die Romantik ist eine der Situationen, in denen der Kapitalismus es geschafft hat sowohl seinen Kuchen zu bekommen und ihn zu essen. Nicht nur die Ehe ist auf dessen Seite. Auch die befreite Sexualität, die offenen Beziehungen, die Freizügigkeit, die ästhetische Kategorie »Sexy« hat er vollkommen in sich aufgenommen. Somit profitiert er sowohl von konservativen, wie auch progressiven Lebenswegen. Das Problem dabei ist nicht, dass Menschen viel mit anderen Menschen Sex haben und die konservativen Moralvorstellungen der Sexualität an Wert verloren haben, sondern, dass mit dieser befreiten Sexualität auch die Kommodifikation der Intimität in die Welt gekommen ist.

Die Probleme, die die Idealisierung der Ehe mit sich bringt, sind folgende:

a) Es ist beinah unmöglich unser Konzept der Ehe von dem Ideal der binären Geschlechterrollen zu trennen und aus dieser Bestätigung resultiert die Verstärkung des Glaubens an eine natürlich gegebene, intrinsische Geschlechterdifferenz.

b) Wenn die Ehe über andere Formen der sozialen Beziehung gestellt wird, werden diese automatisch abgewertet.

c) Idealisiert als Höhepunkt des Person-Seins bringt die Ehe Vorteile wie geringere Steuern mit sich, die andere Beziehungskonstellationen (oder ein Mangel dieser) nicht haben, wodurch alle, die von der Ehe ausgeschlossen werden, oder sich von ihr freiwillig ausschließen, benachteiligt werden.

Die Ethik des Realen ist eine Ethik des Normbruchs, welche versucht die Position des Unmöglichen einzunehmen. Diese Ethik ist nicht einfach nur politisch motiviert, sondern zieht ihre gesamte Kraft aus dem Politischen. Dabei ist darauf zu achten, dass die eigene Ökonomie des Begehrens nicht aus dem Gleichgewicht gerät: Empfindet man zu viel Begehren kann es in der Psychose enden, welche mit dem Verlust des Zugangs zur symbolischen Ordnung verbunden ist. Verliert man jedwedes Begehren, wird das Leben wiederum nicht länger lebenswert.[83]

Das, was wir auf unsere Natur schieben, der Opferstatus des Hysterismus, wurde von uns bereits gewählt, jedoch ist diese Wahl eine unbewusste gewesen. Der höchste

---

[83] Krieg ist, wie Deleuze und Guattari betonen, nur das sekundäre Produkt der Kriegsmaschine. Ihr primäres ist die Produktion neuer Verbindungen. Wie Tiqqun bereits ausführte, ist der Bürgerkrieg optimal in einer Balance zwischen dem Leben (als Tätigkeit) und dem Kampf. Zu viel Fokus auf das Leben führt zu Narzissmus und zu viel Kampf führt zu Militarismus, woraus Annihilierung erfolgt. Die Berufung lautet: Kommunismus leben und Anarchie verbreiten.

Entscheidungsakt ist die Wahl der Selbstsetzung. Das Subjekt autorisiert sich selbst.[84]

Die ethische Dimension der noumenalen Leere ist das was Kants kategorischer Imperativ darstellt: Man muss seine Pflicht erfüllen und niemand - auch kein Formalismus - kann einem die Verantwortung für diese nehmen. Es gibt weder eine Ausrede für das nicht erfüllen der Pflicht, noch eine Ausrede wenn man seine Pflicht erfüllt. Indem ich die ethische

---

[84] Man sollte hier die Doppeldeutigkeit des Autorisierens ernst nehmen. Wir haben uns nicht selbst gewählt, aber uns selbst gesetzt, indem wir unser eigene_r Autor_in geworden sind. Was bedeutet das? Das bedeutet, dass wir Sartres Existentialismus von der Position des Unbewussten her umdenken müssen. Das Projekt (der selbst gesetzte Plan für die eigene Zukunft), wie Sartre es nennt, ist kein Produkt bewusster Planung der eigenen Existenz die in die Zukunft transzendiert wird usw. Das Projekt ist die unbewusste Wahl des Subjekt selbst. Von daher ist zum Beispiel auch das Geschlecht nicht einfach nur ein historisch kontingentes Ding usw usf. sondern ein Produkt der Wahl des Subjekts indem es sich unbewusst selbst gewählt hat. Hätte ich mich nicht gewählt müsste ich jemand anderes sein. Das bedeutet nicht, dass es eine bewusste Wahl ist, die einfach so wieder geändert werden kann wie es sich Konservative gerne wünschen. Es bedeutet, dass es nicht einfach nur kontingent ist. Natürlich sind die Geschlechterkategorien historisch und kulturell bedingt usw. Aber es ist nicht nur so, sondern es herrscht auch noch ein innerer Zwang, eine innere Notwendigkeit das Geschlecht zu leben, welches aus der Wahl des eigenen Subjekts resultiert! Da das Subjekt sich selbst gewählt hat kann es sich nach seiner Wahl nicht umentscheiden. Wenn ein amab (assigned male at birth) Subjekt klassisch männliche Charakteristika entwickelt und sich mit diesen identifiziert, dann ist es aufgrund der Wahl des Subjekts genauso zwingend, genauso natürlich, wie wenn ein amab Subjekt klassisch feminine Charakteristika entwickelt und sich mit diesen aufgrund ihres Subjekts mit diesen identifiziert. Es besteht bei beiden die gleiche Notwendigkeit und es ist bei beiden auf die gleiche Art und Weise natürlich! Wer dies verkennt, kann sich auch nicht länger in seiner eigenen geschlechtlichen Identität bestätigen.

Verpflichtung eines Aktes bestimme, erhebe ich diesen, gleich dem ästhetischen Urteil, in den Stand eines universel notwendigen; das kantische Subjekt autorisiert sich selbst und ist deshalb für die Pflicht die es erfüllt vollständig verantwortlich. Man kann sich nicht damit herausreden wie schwer etwas einem fallen würde, man aber seine Pflicht erfüllen müsse, wie es die KZ-Angestellten taten. Sich der Seite der Prohibition des Gesetzes zu unterwerfen erlaubt es dem Subjekt sich an dem Genuss das es eigentlich verhindern soll zu bedienen.

> [Das] Gesetz [wird] um so sicherer zu Fall gebracht, wenn man zu den Folgen hinabsteigt, wenn man sich ihm mit übergenauer Sorgfalt unterwirft; mit dieser steigt, wenn man sich ihm mit übergenauer Sorgfalt unterwirft; mit dieser Anschmiegung an das Gesetz gelingt es einer heuchlerisch unterwürfigen Seele, das Gesetz zu umgehen und in den Genuß der Lüste zu kommen, die es doch verbieten sollte. Dies zeigt sich in allen apagogischen Beweisführungen, im minutiösen Dienst nach Vorschrift, aber auch in manchen masochistischen Verhaltensweisen voll unterwürfigem Spott.[85]

---

[85] Gilles Deleuze, Differenz und Wiederholung, München 2007, Wilhelm Fink Verlag, S. 20

Die Unterseite des Gesetzes im Spätkapitalismus ist der Befehl des Über-Ichs zu genießen. Ein Überschuss an Genuss wird uns aufgezwungen. Zugleich gibt uns das Gesetz keine Freiheit, sondern universalisiert, durch die Abwesenheit einer symbolischen Autorität, die Prohibition: Wir genießen niemals spontan, sondern folgen immer dem Befehl des Über-Ichs. Begehren ist grundsätzlich transgressiv. Wenn alles erlaubt ist (»Gott ist tot«) wird Genuss aus der hedonistischen Askese generiert: Wer seine Freude maximieren will muss sich fit halten, nur moderat genießen usw. Hierin liegt der Unterschied zwischen Gesetz und Über-Ich: Das Gesetz als symbolische Kastration legt uns Regulationen in der Verteilung des Genusses auf Basis einer geteilten, intersubjektiven Sozietät auf. Das Über-Ich hingegen markiert den Punkt, wo jene Freiheiten zu Genießen auf Basis ihrer Freiheit zu etwas befohlenen werden.

Nun ist die Frage, was die Psychose von der Ethik des Realen unterscheidet. Die Ethik des Realen zeichnet aus, dass wir uns auf keinen großen Anderen als Rechtfertigung verlassen können. Es gilt zuerst einen militanten Akt gegen sich selbst durchzuführen: Das Subjekt darf sich nicht auf eine externe/höhere Autorität verlassen und muss eine politische Imagination entwickeln, welche einen dazu antreibt das

Unmögliche zu riskieren. Das Problem liegt nun in dem, wie Benjamin es nennt, Akt der heiligen Gewalt, welche lediglich ein Zeichen ohne Bedeutung ist. Was unterscheidet nun einen Realen Akt von diesem psychotischen Gewaltakt? Die Antwort liegt in den vier ethischen Attitüden der Lacanschen Psychoanalyse: (1) Des Hysterikers ethischer Imperativ das Begehren am leben zu erhalten; (2) Des Obsessiven ethischer Imperativ als des Anderens Verlangen (demand); (3) Des Perversen ethischer Imperativ für den Genuss des Anderen zu arbeiten. Im Gegensatz zu diesen dreien sollte man dem vierten Ansatz folgen: (4) Eine Linke muss heute das Monument der traumatischen Ereignisse der herrschenden Ideologie werden und diese Traumen markieren und ständig hervorbringen, ohne sie durch eine Symbolisierung zu neutralisieren. Dadurch wird eine Distanz zur Gegenwart geschaffen und diese Distanz erlaubt es Zeichen des Neuen zu erkennen.

Der Genuss des Rassismus

Kommen wir auf die Macht zurück. Es ist also nicht die Macht die abzulehnen ist, sondern das was sie antreibt. Und das was sie antreibt ist der Genuss welcher einem durch die prädominante Ideologie gegeben wird. Wie sieht das nun aus?

Wenn man den ideologischen Hintergrund nicht verändert, tun die Fakten nichts. Die Ideologie arbeitet am häufigsten auf der Ebene des Unbewussten und fordert und sichert unsere libidinöse Investition: Die grundlegende Ebene der Ideologie ist keine Illusion, die den realen Zustand der Dinge maskiert, sondern die einer (unbewussten) Phantasie, die unsere soziale Realität selbst strukturiert. Rassistische Phantasien lehren uns die soziale Welt als immer schon rassifiziert zu betrachten. Dadurch wird eine implizite Voreingenommenheit gefördert, welche Individuen in ihre unbewussten Urteils- und Verhaltensmuster einschließen. Kurz gesagt wird eine toxische Beziehung zum rassifizierten Anderen gefördern und sichergestellt. Um Beauvoir zu paraphrasieren: Du bist nicht rassistisch geboren, du lernst unbewusst / willst einer werden.

Während die rassistische Person den Genuss des Paranoiden hat, hat der Liberale am Hass auf den Hassenden Genuss und an seiner eigenen Reinheit. Es geht nicht darum Rasse als Appendix der Klasse zu betrachten; Klasse sollte nicht fetischisiert werden. Genau so geht es nicht darum die Toleranz als Ersatzkampf zu betrachten. Es sollte darum gehen das neoliberale Framework abzulehnen und trotz der

Differenzen zu erkennen, dass es die fundamental gleichen Antagonismen sind, die uns einen.

Rassismus und globaler Kapitalismus sind beide gewalttätig. Dabei braucht es jedoch einen nuancierten Gewaltbegriff, um diese Aussage korrekt zu lesen. Unser heutiger kultureller Diskurs mystifiziert und überdeterminiert Gewalt gerne. Was innerhalb unserer Kultur häufig als Gewalt wahrgenommen wird ist die »subjektive Gewalt«. Damit ist Gewalt gemeint, die von einem klar zu identifizierenden Agenten ausgeführt wird und als Bruch mit dem normalen, heilen Zustand betrachtet wird. Es gibt jedoch noch zwei Formen der »objektiven Gewalt«: Zum einen gibt es die »symbolische Gewalt« (die Gewalt der Sprache als hegemoniale Auferlegung eines gegebenen Universums an Bedeutungen) und »systemische Gewalt« (wie die Gewalt des Kapitalismus, die zu einer naturalisierten, fein säuberlich laufenden Hintergrundsgewalt wird, wodurch dessen Ungleichheit verschleiert wird). Wir können subjektive Gewalt nur erkennen, weil sie auf dem Hintergrund der objektiven passiert, weshalb die objektive Gewalt indes unsichtbar bleibt. Ein übermäßiger Fokus auf subjektive Gewalt dient von daher dem Erhalt der objektiven Gewalt.

Frantz Fanon zeigte bereits in *Schwarze Haut, Weiße Masken* welche Folgen symbolische Gewalt im Kontext von

Rassismus hat. In einem rassistischen Bedeutungsuniversum einer hegemonialen Sprache zu leben affiziert das sozio-symbolische Sein des Subjekts. Wie bereits Beauvoir gezeigt hat, sind BPoCs inferior, *weil* das Subjekt durch die rassistische Interpellation und Rhetorik *auf ontologischer Ebene inferior gemacht wird.* Deshalb reicht es nicht, wie es der liberale Anti-Rassismus versucht, auf der Ebene der Ideen zwischen ontologischer Gleichheit (Realität) und ontischer Inferiorität (Repräsentation) zu unterscheiden. Die rassistische Person genießt seine Superiorität wenn er seinen IQ Test und den IQ afrikanischer Kinder die nicht einmal lesen gelernt haben anschaut und sieht das seiner besser ist. Intelligenz wird rassifiziert, dabei wird nicht ein Gedanke daran verschwendet, dass der IQ ein Produkt seiner Umstände ist und nicht umgekehrt.

Rassismus zeigt sich in systemischer Gewalt, insofern nur diejenigen vom Leid des Rassismus berichten können, die nicht ausgeschlossen und stumm sind. Das bedeutet, dass nur diejenigen zu Wort kommen, die auf der Seite des globalen Kapitalismus stehen und von diesem profitieren. Es heißt im Diskurs jedoch nur, dass es die fehlende Toleranz ist, die *uns* von *ihnen* trennt (ein Feind ist nur ein Freund dessen Geschichte du noch nicht gehört hast). Dieser Fokus auf Toleranz als höchsten Wert und einzig wahres Hilfsmittel verhindert die Aufnahme von Fragen nach Ungleichheit, Ausbeutung und Gerechtigkeit. Und damit fehlt ein Austausch über die fundamentale Ideologie, die den Diskurs kontrolliert. Die Aufgabe des Philosophierenden liegt darin das Partikulare in das Universelle zu erheben, sich nicht konformistisch dem Diskurs zu unterwerfen, sondern eine kosmopolitische Sensibilität zu entwickeln (Kants konstitutive Heimatlosigkeit). Die Position des Universellen wird als Kurzschluss des Diskurses von dem Teil der Anteillosen repräsentiert. Dieser besteht aus denjenigen, die aus der liberal-humanistischen Sphäre herausfallen, wodurch ihre Interessen nicht von der Position ihrer Subjektivität vorbestimmt werden.

Rasse ist, wie Ta-Nehisi Coates bemerkte, das Kind, nicht der Vater, des Rassismus. Es gilt demnach nicht Rasse retrospektiv als die Möglichkeit des Rassismus zu postulieren, wie es der anti-rassistische Diskurs versucht, sondern den Paulinischen Universalismus einer Indifferenz der Differenz anzunehmen, d. h. die Kategorie der Rasse oder das Rassen-Denken nicht zu naturalisieren/ontologisieren, sondern den Begriff der Rasse möglichst fern von identitären Ideen/Motivationen zu halten.

Naheliegende Ideen

Um das Gesetz des Genießens zu stürzen, welches die Machtstrukturen in Bewegung bringt, gibt es aktuell nur vier Dinge die unternommen werden können. Die erste sollte ich im Rahmen dieses Buches ausreichend ausgearbeitet und häufig genug wiederholt haben: Solidarität über die Position der Universalität. Solidarität mit allen Anteillosen. Keine Solidarität wie sie ideologisch entleert im Neoliberalismus dazu dient die Politik in eine Charity Organisation zu verwandeln, welche selbst nur Symptome bekämpfen und sie so selbst perseverieren kann. Eine reine Solidaritätsbekundung reicht nicht aus. Sie beruhigt nur das eigene Gewissen. Revolutionäre Solidarität ist eine Solidarität in Aktion. Sie ist tief in das eigene Projekt verwurzelt und kämpft damit gegen die eigenen Ketten, die Entfremdung und die geistige Armut an und öffnet Felder des Experimentierens und der stolz gelebten Leben. Das Projekt muss nicht auf die direkte Befreiung der Kamerade ausgerichtet sein - erschüttert es die Grundfeste der Gefängniswände, dann wird es mehr Freiheit mit sich bringen als ein einfacher Fluchtversuch es je ermöglichen könnte. Um jedoch diese Grundfeste erschüttern zu können muss man ihre Architektur kennen. Damit kommen wir zum zweiten Punkt, der heute durch den linken Akzelerationismus vorangetrieben wird.

Dem Fortschritt werden Rahmenbedingungen wie Mehrwertproduktion, eine stille Reserve von Arbeitskräften und frei bewegliches Kapital aufgezwungen. Die Moderne wird auf statistische Größen des Wirtschaftswachstums reduziert, und soziale Innovationen werden mit kitschigen Überbleibseln unserer gemeinschaftlichen Vergangenheit zugekleistert.[86]

Der Höhepunkt des Technikverständnisses des Kapitalismus sind Patentkrieg und Ideen-Monopolisierung. Derweil leben wir zwar nicht in einer Welt die dem technischen Potential gerecht wird, aber die Unterhaltungsmedien verbessern sich marginal, mit steigendem Preis versteht sich. Während sogar Keynes noch 1930 dachte ein entwickelter Kapitalismus führe zu 3-Stunden Arbeitstagen ist in der Wirklichkeit die Freizeit mit der Arbeit verschmolzen. Es gibt keinen Rückweg zu fordistischen Zeiten. Und das ist auch gut so: Ein System das auf Kolonien, nationalisierten Rassismen und Sexismen usw. aufbaut gilt überwunden zu werden. Uns bleibt nur die Zukunft. Damit nach dem Ende des Kapitalismus nicht einfach ein neuer Kapitalismus entsteht benötigt man zuerst eine

---

[86] Alex Williams & Nick Srnicek, Manifest für eine akzelerationistische Politik, in: #Akzeleration, Hg. Armen Avanessian, Merve Verlag, S. 25

Kartierung des bestehenden Systems und ein spekulatives Bild eines zukünftigen ökonomischen Bildes. Dafür muss die Linke ihren Analphabetismus bezüglich Naturwissenschaften, Medien-/Netzwerktechnologie und Ökonomie überwinden.[87]

Dieses spekulative Bild muss irgendwie entstehen und realisiert werden. Für diese Realisierung braucht es einen Antrieb. Diesen Antrieb können wir nur erzeugen, indem wir das in dem und durch den Kapitalismus generierte Begehren mit einem anderem Begehren, einem Begehren für eine besser Zukunft die möglich ist, konfrontieren. Damit ein solches Begehren jedoch erst einmal erzeugt werden kann, muss das Subjekt aus seiner Identifikation mit der prädominanten Ideologie gerissen werden. Häufig wird in den Medien Ironie, Sarkasmus oder Zynismus verwendet um eine Beschwerde zu äußern. Diese Herangehensweisen schaffen es jedoch nicht das Objekt ihrer Kritik zu überwinden, da sie selbst sich an dieses Objekt binden. Ein Beispiel ist der Medienumgang mit Trump und ähnlichen Charakteren. Fakten interessieren die Ideologie nicht. Um zu verdeutlichen was ich meine hier ein drastisches Beispiel: Man könnte ein Buch über die Juden in den Medien und dem Bankwesen Deutschlands 1933 schreiben. Es könnte sogar voller faktischer Wahrheiten

---

[87] Bevor es jemand missversteht: Es sind nicht alle gemeint. Aber es sollte klar sein, dass es hier, wirft man einen Blick auf die Linke, ein gewisses Defizit gibt.

sein. Dennoch wäre es aufgrund der Ideologie die diesen Diskurs ordnet antisemitisch. Wer nur auf Fakten setzt und die Ideologie ignoriert fällt ihr zum Opfer. Die Lügen sind kein Bug sondern ein Feature. Die Lügen sind Teil der Nachricht Trumps, wie sie auch bereits Teil der Nachricht Reagens waren. Die Pressekonferenzen nach seinen Lügen verhalfen ihm immer zu Aufmerksamkeit und Beliebtheit. Subversion ist in den heutigen Medien dennoch möglich. Gilles Deleuze würde dieses Mittel der Subversion zwar Ironie nennen, aber Naivität ist ein besserer Name dafür.

Die erste Art, das Gesetz zu stürzen, ist ironisch, und die Ironie erscheint hier als eine Kunst der Prinzipien, als eine Kunst, zu den Grundsätzen hinaufzusteigen und sie zu Fall zu bringen. Die zweite Art besteht im Humor, das heißt, in einer Kunst der Folgen und Abstiege, der Schwebe und des Falls. Muß man die Tatsache, daß die Wiederholung in dieser Schwebe und in jenem Aufstieg auftaucht, so begreifen, als ob sich die Existenz selbst erneuern und „wiederholen" würde, sobald sie nicht mehr dem Zwang der Gesetze unterliegt? Die Wiederholung ist Sache des Humors und der Ironie; sie ist ihrer Natur nach Überschreitung, Ausnahme und behauptet immer eine Singularität gegen die dem Gesetz unterworfenen Besonderheiten, ein Universales gegen die Allgemeinheiten, die als Gesetz gelten.[88]

Hier beschreibt Deleuze die Überidentifikation die ich bereits zuvor ausgeführt hatte. Zugleich kann man die Rhetorik der Rechten unterminieren, indem man ihnen vorwirft, dass sie selbst in ihrem eigenen Unterfangen schlecht sind. Bezüglich der Geflüchteten ließe sich auf die Verbreitung von Panik erwidern, dass sich niemand ernsthaft patriotisch nennen kann, der glaubt sein großartiges und starkes Land würde durch Geflüchtete zusammenbrechen. Sie aufzunehmen zeigt wahre patriotische Stärke. Angesichts der aktuellen Lage halte ich diese vier Punkte für eine Grundlage, die, wenn sie in die eigene Praxis eingebunden werden, die Chance auf einen positiven Wandel erzeugen werden.

---

[88] Gilles Deleuze, Differenz und Wiederholung, München 2007, Wilhelm Fink Verlag, S. 20

Literaturverzeichnis

Andersen, Hans Christian.; Des Kaisers neue Kleider

Avanessian, A.; #Akzeleration

Baudrillard, J.; Das System der Dinge

Baudrillard, J.; Die Illusion des Endes oder Der Streik der Ereignisse

Baudrillard, J.; Im Schatten der schweigenden Mehrheiten oder Das Ende des Sozialen

Baudrillard, J.; Oublier Foucault

Beauvoir, Simone de.; Das andere Geschlecht

Benjamin, W.; Das Kunstwerk im Zeitalter seiner technischen Reproduzierbarkeit

Bhambra, G. K. & Demir, I.; 1968 in Retrospect: History, Theory, Alterity

Buchanan, I.; Assemblage Theory and Method

Burgis, B.; Give Them An Argument

Deleuze, G.; Differenz und Wiederholung

Deleuze, G.; Foucault

Deleuze, G.; Postskriptum über die Kontrollgesellschaft

Deleuze, G.; Unterhandlungen

Deleuze, G. & Guattari, F.; Tausend Plateaus

Descartes, R.; Meditationes de prima philosophia

Fanon, Frantz.; Schwarze Haut, Weiße Masken

Federici, S.; Caliban und die Hexe

Fisher, M.; Postcapitalist Desire

Folkers, A. & Lemke, T.; Biopolitik. Ein Reader

Foucault, M.; Die Geburt der Biopolitik

Foucault, M.; Die Ordnung der Dinge

Foucault, M.; Geschichte der Sexualität

Foucault, M.; In Verteidigung der Gesellschaft

Fukuyama, F.; Das Ende der Geschichte

Gabriel, M.; Warum es die Welt nicht gibt

Guattari, Félix.; Machinic Unconscious

Hegel, G. W. F.; Phänomenologie des Geistes

Honderich, Ted.; Das Elend des Konservatismus

Howard, S.; The Transgender Industrial Context

Jones, E.; Das Leben und Werk von Sigmund Freud

Kirk, G. S.; Die Vorsokratischen Philosophen

Kupke, C.; Versionen des Denkens. Version 1: Enttäuschendes Denken

Lacan, J.; Ecrits: A Selection

Livingston, P.; The Politics of Logic

Losurdo, D.; Gewaltlosigkeit: Eine Gegengeschichte

Manne, K.; Down Girl: The Logic of Misogyny

Marx, K.; Das Kapital - Erster Band

McGowan, Todd.; Universality and Identity Politics

Rabinow & Rose.; Foucault Today

Rainsborough, M.; Foucault heute. Neue Perspektiven in Philosophie und Kulturwissenschaft

Rancière, J.; Das Unvernehmen

Rand, A.; Atlas Shrugged

Roberts, R.; Psychology and Capitalism

Schuster, A.; The Trouble with Pleasure

Tiqqun; Kybernetik und Revolte

Trotsky, L.; In Defence of Marxism

Vartabedian, B.; Multiplicity and Ontology in Deleuze and Badiou

Wagenknecht, S.; Die Selbstgerechten: Mein Gegenprogramm - für Gemeinsinn und Zusammenhalt

Wennerscheid, S.; Das Begehren nach der Wunde

Žižek, S.; A Left That Dares To Speak Its Name

Žižek, S.; Der Exzess der Leere

Žižek, S.; Die Nacht der Welt

Žižek, S.; Weniger als Nichts

Zupančič, A.; Das Reale einer Illusion